今日、ホームレスになった
13のサラリーマン転落人生
増田明利
新風舎

路上生活に揺れるホームレスたち。

彼らの平均年齢は55・9歳。ホームレスになった理由としては、失業・倒産や、病気や高齢で働けなくなった、などが主に挙げられる。

彼らの前職を調べてみると、正社員、会社経営者、自営業者の合計が全体の40％を占めており、リストラや倒産で転落する中高年が激増していることが分かる。

格差社会が深刻化する昨今。明日は我が身に降りかかるかもしれない就職難、借金地獄、熟年離婚、家庭崩壊——そして、ホームレス。日本社会の恐ろしい実態が、ここに登場する13人の生の声によって暴かれる。

はじめに

彼らホームレスに対してあなたはどんな感情を抱くだろう？　「不潔だ」「薄気味悪い」「どうせなまけ者なんだろう」と侮蔑し見下しているか、その存在をまったく無視しているかのどちらかだろう。

確かに、ホームレスは汚れてみすぼらしく、気分のいい存在ではない。しかし、よく考えてみれば、生まれてこのかた、ずっと路上生活をしていたという人はいるわけがない。我々が目にしているのは、結果としてホームレスになってしまった人たちで、なぜその人がホームレスに転落してしまったのかという過程は見過ごされている。

バブル崩壊後の失われた10年の間に社会の状況は一変し、上場企業、大手企業がバタバタと倒産、失業率は５％台へ、失業者総数は最大で３６０万人余りに達した。

景気が回復基調に転じたといわれる現在では、勝ち組、負け組の格差は開くばかりで、若くして２０００万円、３０００万円もの年収を得るエリートや起業して億単位の収入を手にする人がいる反面、所得が国民平均の半分以下という貧困率が15・３％（２０００年度、ＯＥＣＤ調べ）にも達している。

この格差社会の象徴ともいえるのが、定住する家を持てない路上生活の人たちではないだろうか。この4、5年は住宅地の児童公園や図書館などでも、ひと目でそれと分かるような人たちを目にする。ホームレスの人たちは確実に私たちの身近にいる。

ホームレスを現代社会の歪《ひず》みと捉えるならば、残念ながら現在の社会は彼らを輩出してしまう何らかの欠陥があるのではないか。このような思いから今回ホームレスへの取材を敢行したわけだが、そこには実に多様な人々がいて、ドラマがあった。前職はさまざま、その生い立ちもいろいろだったが、どの人も数年前はごく普通の生活を送っていた人たちである。

そんな、どこにでもいるような人たちが倒産やリストラ、あるいは商売の失敗が原因で経済的基盤を失い、社会的信用も失って短期間のうちにホームレスへと転落してしまったという現実を突きつけられると、彼らのたどった人生行路は決して他人事ではないと痛感した。

図らずもホームレスになってしまった人たちと我々との間に、どれほどの違いがあるのだろうか。自分が彼らのようにならないという保証があるのか。そんなことを考えてもらえればありがたい。

CONTENTS

Case 1
エリートビジネスマンの暗転

次長の誤算

▲▲▲▲▲▲▲ 藤川利夫（52歳・元大手総合商社財務部次長）

長身で細身の体格、白髪が目立つ。元商社マンというプライドがそうさせるのか、野宿生活になっても濃紺のスーツに身を包んでいる（かなり汚れているが）。「あのとき焦って勧奨退職に応じなかったら、今頃は取締役になっていたかもしれない」と早期退職したことを悔やむことしきり。地方出身者やブルーカラー系の人たちとは馴染めず単独で行動。

現住所▼▼日比谷公園を中心に新橋、銀座界隈を徘徊《はいかい》。

生活状況▼▼雑誌拾いで1日1000円前後の収入。食事はコンビニエンスストアの廃棄弁当など。

写真同氏／日比谷公園のベンチで暮らすようになって3ヵ月。歩いて15分のところには、かつて勤めていた会社の本社がある。

サラリーマンというのは組織に所属しているから評価してもらえるんだ。辞めたら惨《みじ》めなものだよ。

それまで付き合いのあった人だって会社を辞めたら妙によそよそしくなったからね。会社を辞めて「大手の商社にいました」なんて言っても屁の突っ張りにもならなかったしね。会社にいるときは「俺は能力がある」なんて自惚《うぬぼ》れていたけど、とんだ勘違いだった。自分の力を過信していたんだよね。

次長の誤算
藤川利夫（52歳）の場合

〜1997年4月
大手商社
財務部次長

↓

1999年12月
勧奨退職

↓

2001年2月
再就職失敗

↓

2003年1月
サラ金苦

↓

2004年5月
家庭崩壊

「まさかこんなになるなんて5年前は想像もしていなかった。」

大学卒業後、大手総合商社へ入社。長らく財務部に勤務し、40代半ばで資金担当の次長に昇進するが、平成10年の年末に希望退職者募集に応じて早期退職を選択する。経理のキャリアがあれば再就職はたやすいと考えていたが、目算が外れ零細の不動産会社へ。1年で解雇されてからは、中年フリーター。消費者金融の借金が1000万円以上に膨らみ自宅を売却、妻とも離婚し家庭崩壊の道をたどる破目に。

これでも5年前は商社に勤めていました。資金担当の責任者だったので10億、20億のお金を動かしていた。会社のステイタスは高かったし収入も多かった。自慢じゃないけど吉野屋の牛丼なんて貧乏人が食べるものだと思っていたよ。それが今じゃ、炊き出しのソーメン粥《がゆ》をすすっているんだから、落ちぶれたものだと思いますよ。

こうなった原因ですか？　井のなかの蛙《かわず》というか、自分の力を過信していたんだね。早い話が大企業病から抜け出せなかったんです。そういうことだよ……。

大学を卒業して就職したのは九大商社のひとつです。25年近く勤めましたが、営業経験は畜産部と飼料部に合計して10年弱です。30代の前半からは管理部門に勤務していました。特に財務部が長く、退職するまでの12年間ずっと務めていたんです。会計課、資金課、経理課、調査課と部内のセクションはすべて経験し、退職したときは資金担当の次長でした。総合商社では何といっても営業が花形だけど、私としては、決算書も書けるしバランスシートも読めるので、財務のプロだなんて自惚れていました。

会社の状態が悪化し始めたのはやはりバブルが弾けてからです。物が動かないから手数料収入が入らないんですよ。おまけにゴルフ場やリゾート開発など景気のいいときに始めたプロジェクトがすべて失敗し、多額の不良債権を抱えてしまったんです。もう赤字決算の連続で、経営幹部は更迭されたり辞職したりで右往左往していたね。

会社の収益が悪化すれば当然、社員の給料に響いてきます。平成5年からはほとんど昇給がありませんでした。商社は確かに給料がいいんですが、年収に占める賞与の割合が高いんです。けれども年々支給率が下がって、ローンの支払いがきつくて大変だった。社員の中には多額のローンを抱え自己破産した人がいましたよ。私もクレジットカードでたびたびキャッシングしていました。

もうこの会社は駄目だなと見切りをつけたのは平成11年の夏です。希望退職を募って人員の削減をすることになりました。会社に残ったとしても給与カットがあり、私の場合だと、基本給が30％カットで役職手当ても廃止するというものでした。当時の月収は諸手当込みで約55万円でしたが、それを32、33万円に減額するということでした。

「社員にも生活があるだろうが、会社を守るためには仕方がない。不満なら辞めてくれ」

人事部長にはこう言われました。

自分としては財務関係ならかなり仕事ができると思っていたし、まだ40半ばだったので転職先はいくらでもあると思っていました。会社に留まっても倒産したら元も子もないでしょ。金融危機のときには山一証券、拓銀、長銀なんていう超一流の会社が破綻したから、うちだってどうなるか分からないと思いました。本当に倒産でもしたら退職金なんてもらえないから、頂けるものだけ頂いて別の会社に移った方が得策だと判断したんです。

でも、これがすべての原因になってしまったんだな。もう少しよく考えたり、リサーチしてからでも遅くはなかったと思いますよ。まあ、今さらこんなことを言っても、後の祭りだけどね。

それまで大企業にいたから雇用保険のシステムなんてまったく知らなくて、退職したらすぐに支給してもらえると思っていたんです。私は勧奨退職に応募して辞めたわけで、あくまでも自己都合退職なんですよ。そうすると、雇用保険が支給されるのは3ヵ月後からなんです。これが第一の失敗だった。

それと給付の金額も目算違いだった。給付の目安は在職時の賃金の6割だと聞いていました。私の場合だと、前年の収入は約800万円あったので、月額40万円は出ると踏んでいたんです。だけど実際のところは1日当たりの支給額に上限があって、私の場合だと1ヵ月28万円ほどしか給付されなかったんですよね。丸3ヵ月無収入のうえ月々の給付金が思っていた額より10万円以上少ないのだから大打撃だった。

退職金は10ヵ月分の上乗せがあったので、手取りで約2300万円ほど出ました。そのうち2000万円をマンションの繰り上げ返済に回したので、手元に残ったのは300万円弱です。私としてはこれを再就職のための活動費にあてるつもりだったんですが、高校生の息子の授業料と雇用保険が支給されるまでの待機期間の生活費でほとんど消えてしまいました。

再就職の方もうまくいきませんでした。自分としては専門職だと思っていたので、最初は民間の人材紹介会社で転職先を探したのですが駄目でした。自分では財務のプロだなんて思い上がっていたけど、やはり年齢で除外されます。まあ、37、38歳が限界、税理士資格があっても40歳までってところでした。冷静に考えれば景気の良かったときでも転職限界は40代前半でしたからねえ。ヘッドハンティングされたら別だけど……。

不況になって人が余っている時代に同じ職種で、いい条件でっていうのは無理があったんですね。職安回りもしたけど、紹介されるのは中小企業の経理事務ぐらいでした。はっきり言って条件がきつくてね。長男が高校2年、長女が中学3年だったので教育費がかかるでしょ。年収で700万円は欲しかったんだけど、とてもとても……。手当込みで月収30万円、年収ベースで450万円ほど。こんな程度のものばかりでした。

商社を辞めた直後は、半年もあれば自分のキャリアが生かせる職場を得られると思っていました。自分には価値がある、俺の能力が分からない会社なんてこっちから願い下げだと思っていたけど唖然、呆然でした。

約1年間、人材会社や職安に通いましたが、希望する会社にはすべて断られてしまいましてね。その間に退職金の残りはおろか、貯金もかなり取り崩してしまいました。妻がどんどん不機嫌になっていくのが分かりましたよ。

前の会社を辞めて1年後に新聞広告で見つけた小さな不動産会社になんとか採用されました。元大手商社の財務部次長なんて経歴はまったく無視され、一介の経理事務員です。ところが2年もしないで突然解雇されました。お金の管理は息子にやらせるからあんたはもう必要ないという言いぐさだった。しょせん中小企業なんて個人商店なんですよ。

それからは中年フリーターでした。クリーニングチェーンにアルバイトで勤めていました。仕事は洗濯物の取り次ぎだけです。時給900円で1ヵ月の収入なんて15万円あるかないかという塩梅《あんばい》でした。

こうなった直接の原因はみっともない話ですが、サラ金です。

不動産会社を辞めた頃から妻もパートで働きに出たんですが、収入なんて微々たるものですからね。それなのに昔の感覚が抜けずカードでたくさん買い物したりして、おまけに住んでいたマンションが大規模改修をするとかで、居住者一戸当たり80万円も負担することになってね。もう蓄えなんてなかったから、3つのサラ金から150万円借りてしまったんです。借りたはいいけど収入が収入なんだから返せるわけありません。翌月の月末には利息を払うために別のサラ金で借金してました。翌月にはまた別のサラ金へ行く。こんな自転車操業を1年半も続け、最終的には16社ものサラ金に借金をつくってしまい、借金が1600万円にも膨らんでしまいました。

取り立てがきつくてね。マンションを売却して何とか清算できたけど、女房は子どもたちを連れて実家へ帰ってしまった。家庭崩壊ですよ……。私は兄弟のところを転々としていたけど迷惑かけられないものさ……半年前から公園暮らしに転落だよ。今は雑誌拾いで1日1000円稼いで何とか生き延びています。今思えば焦って商社を辞めたのがまずかったんです。たとえ年収が200万円以上下げられたとしても、再就職するよりも収入が高かったんだからね。本当にしくじったよ。馬鹿みたいだ。

中高年は会社で厳しい立場にいるけど、絶対に自分から退職しないことだよ。いびられたって馬鹿にされたって会社にしがみついていた方がいい。特に大手企業にいた人は、外に出たら自分の力なんて屁みたいなものだったと思い知らされるよ。

絶対に辞めちゃ駄目だ。失敗した私が言っているんだから間違いない。

エリートほど肩書きを失ったら惨めなもの。大企業の幹部社員でも、会社の後ろ盾がなくなったらただの中年オヤジになってしまうのだ。それにしても、かつて勤めていた会社の近くで野宿生活をしているのはいかなる心境か。会社が恋しいのか、それとも昔が忘れられないのか?

外資系企業の光と影

▲▲樋口政彦（49歳・元米国系投資銀行ファンドマネージャー）

茶色のブレザーにグレーのスラックスという服装はごく普通で不潔感などはない。金縁のメガネをかけていてインテリ風。図書館で英字新聞と「日本経済新聞」を読むのが日課。

現住所▼▼新宿中央公園。

生活状況▼▼まったくの無収入。24時間営業のマンガ喫茶などで寝泊まり。現在の所持金約8000円、郷里の茨城《いばらき》に帰るつもり。

新橋駅烏森口の前でゲーム喫茶のサンドイッチマンの日雇い仕事。6時間、誰とも話さずただ立っているだけ。気が遠くなるほど退屈だと言っていた。終わるころには膝も腰も棒のように硬くなってしまうそうだ。これで日当は6000円。（イメージ写真）

外資というのは非情だからね。

私はスカウトされて移籍し、それなりの利益を出したけど結果が出せなくなったら用済みだった。大きい声じゃ言えないけど、法律すれすれのことだって何度もやりました。それでも利益を出してさえいれば問題視されることもなかった。儲けたヤツが偉いという風潮だったからね。儲けられない者はガスの切れた１００円ライターみたいにポイ捨て。長く勤めるところじゃなかったね。

外資系企業の光と影
樋口政彦（49歳）の場合

～1998年10月
投資銀行
ファンド
マネージャー

↓

2000年7月
リストラ

↓

2001年1月
離婚

↓

2003年9月
不慮の事故

↓

2004年11月
経済的破綻

「明日のことは誰にも分からない。誰でもホームレスになる可能性はあるんだ。」

有名私立大学の経済学部を卒業し大手都市銀行に入る。33歳のときヘッドハンティングされ、米国系の投資銀行へ移籍。投資信託や為替ディーラーとして莫大な利益を出していたが、景気悪化で業績不振に。ノルマ未達が続き、平成12年7月で解雇される。退職後は語学力を生かし、派遣で翻訳・通訳業務をしていたが、自損事故のため長期入院する羽目に。

以前の住まいは横浜市内でしてね、勤め先が丸の内だったので、東海道線を使って通勤していました。そうすると鶴見川や多摩川を通過するでしょ。車窓から外を眺めると、河川敷にホームレスの人たちが暮らすブルーテントがいくつもあるんです。こんなところで暮らすのはつらいだろうなと思ったし、日本も貧富の差が広がってきたと実感しましたね。
私、4年前までは銀行に勤めていたんです。銀行といっても、日本の銀行じゃありません。米国資本の投資銀行です。元々、大学を卒業して就職したのは都市銀行でしたが、昭和63年の初め頃にスカウトされ、米国系の投資銀行へ移籍したんです。そこは、支社長をはじめ数人のアメリカ人幹部以外はすべて国内の銀行、損保、生保から移ってきた人たちでしたよ。三井、三菱、住友、日本生命、東京海上などの出身者がいましたね。

外資なら実力と実績だけで評価されるし、利益を出せば相応の配分もしてもらえるでしょ。話が来たときにはチャンスだと思ったんです。

そういうわけで最初に入った都銀は約7年勤めて退職し、投資銀行へ移ったんです。転職してからはまず債券運用を任されたんですが、運よくバブルの期間にリンクしていたので、株にしろ投資信託にしろ損を出すことはありませんでした。バブル絶頂期はどんなボロ株でも元値の3割以上値上がりしていましたからね。低位株を買って2割ぐらい値上がりしたら売り抜けるという手法で儲けていました。年末には特別ボーナスが500万円も支給されたり、ほかの成績優秀者と研修旅行だってことでニューヨークやシカゴのマーカンタイル商品取引所へ視察に行きました。儲けたご褒美です。

バブルが弾ける半年ぐらい前からは為替取引のセクションに移りました。メインは円とドルの売買でしたが、円とポンドやマルクの売買、ときには外貨同士の売買にも手を出しました。ヘッジファンドと組んで特定の国の通貨を売り浴びせるようなことも。為替取引をやっているときも、四半期ごとの目標利益はきちんと出していました。債券を扱っているときほど大儲けすることはなかったけどね。

転職して10年経ったときはシニアディレクターという肩書もつきました。日本の会社でいうと統括課長みたいなもので、ボーナス込みで2000万円以上の年収が続いていました。我ながらよく続けられたなと思っていたんです。


何しろ外資は人の出入りが激しいですからね。私より稼ぐ人は他の外資からヘッドハンティングされたり、自分から売り込んでより条件の良いところへ移ります。逆に業務実績が低い人は「グッドバイ」と言われてクビ、そんなの日常茶飯事なんです。

そんな生存競争の厳しい世界に10年もいて、それなりの肩書と権限もありましたから自分では満足していました。

おかしくなってきたのは債券取引のセクションに戻されてからです。平均株価がどんどん下がって運用益が出ないんです。それどころか、多額の含み損を出してしまいました。業務実績は四半期ごとに点数化され、一定のポイント以下だと警告があるんです。儲けないとクビだぞってね。警告があると、3ヵ月間でかなり事態を好転させないと退職勧告されるんです。

日本と違い、外資では一度でも利益目標を下回ったり損を出したらダメ社員の烙印《らくいん》を押されてしまうんです。支社長や幹部たちの私を見る目が日に日に厳しくなり、ストレスで胃が痛くなったり円形脱毛症になりましたよ。ところが、次の四半期も大幅なノルマ未達。

そしたら支社長に呼ばれ、今月いっぱいで雇用契約を解除する、つまり解雇だと通告されました。もう翌日からは出社しなくていいんです。アウトプレスメント（再就職支援会社）へ行くように、と言われておしまい、あっさりしたものでした。そのドライさが外資の特徴なんだけどね。

周りなんて冷淡なものだよ。ベテランだろうが新人だろうが、数字を出せないヤツは切られる。そんなの日常茶飯事だから、私が解雇となったって「ついてなかったですね」「次のところで頑張ってください、お元気で」なんてものです。基本的に外資系の金融マンは一匹狼で自分の利益が一番という考えなんです。先輩、後輩、同僚という温かい関係はないからね。

解雇通告を受けたのは平成12年の7月10日なんですが、7月10日って結婚記念日だったんですよ。よりによって結婚記念日にクビ切りされるなんてねえ……。

すぐに職探しを始めましたが大手の銀行、証券、生保などがバタバタ倒産し、ファンドマネージャーや為替ディーラーが大量に吐き出され、買い手市場でしたから、40代の私では年齢で除外されるんです。

職安にも行ってみましたが、金融機関からの求人なんて1件もありません。中小企業の営業とか肉体労働系ばかりです。20年も銀行マンをやっているんです。そんな仕事はできっこないよ。

職安の相談員からも「あなたにトラック運転手や工場の作業員なんて紹介できません。民間の専門職を扱っている人材紹介会社の方がいいんじゃありませんか」と言われました。

退職金は約1300万円支払われたし、雇用保険も、もとになる給料が高かったから月27万円ぐらいあったけど、住宅ローンが重くて苦しかった。横浜市内のマンションを買ったのは平成元年なんです。バブルのときだったから1億5000万円もしてね、25年ローンを組んでしまっていました。

年間の返済額が370万円、そのうえ高級マンションだったので毎月の管理費と修繕積立金が6万円必要なんです。固定資産税を含めると、住まいを維持するのに年間で480万円も出ていくんだからたまったものじゃありません。とても払い続けることはできないので売却処分したんですが、不動産価格が暴落したので大損でした。7000万円にしかならず、ローンの残りを清算したらおしまいでした。

仕事がうまくいかなくなりだした頃から妻との関係も悪くなっていましてね。マンションを売却処分したのがきっかけとなって離婚しました。いつまでも収入のよかったときのことが忘れられない女だった。退職金と貯金を合わせると1800万円ぐらいあったので、中学1年生だった娘の養育費ということで、1500万円渡して別れたんです。

まあ、金の切れ目が縁の切れ目というヤツです。

離婚成立後は杉並区のアパートに転居し、職探しを続けたんですが駄目でした。雇用保険が切れてからは派遣会社に登録して通訳や翻訳の仕事をしていたんです。私、英検は1級でTOEICが870点なんです。一応、専門的な仕事なので、月収で約40万円ありました。リストラされた同年代の人より恵まれていたと思います。

ところが去年の9月に大ケガをしてしまいましてね、駅の階段を踏み外して転落してしまったんです。左の鎖骨が折れて右膝は脱臼《だっきゅう》と靭帯《じんたい》断裂でした。右膝は手術をしたので3ヵ月も入院しました。働くどころじゃなくなって、派遣打ち切りです。

退院後もリハビリとマッサージを2ヵ月も続け、元に戻るまで5ヵ月もかかってしまいました。自分で転んだケガだから補償なんてありません。治療費や入院費にかかった50万円は自腹。ほかに家賃や生活費も必要だったから、5ヵ月で200万円も出ていってしまいました。残りの貯金を取り崩していたんですが、とうとう先月の中頃に底を突きましてね。家賃はおろか水道料金も払えません。大家さんには悪いと思ったんですが、黙って出てきたんです。早い話、夜逃げしたんですよ。

これからですか？　どうしましょう……
これからどんどん寒くなっていくからなあ。

真冬に公園で野宿するなんて考えただけでゾッとしますね。みっともないけど老親を頼るしかないでしょうな。住所をキチンとしないことにはまともな職に就けないでしょ。私としては語学力を生かせる仕事に戻りたいんですよ。こんなところでぼやっとしている場合じゃないよね。歩いてでも茨城の実家へ帰るよ。

快適な最先端のオフィスビルで働き、郊外の高級マンションでのリッチな生活から公園のベンチへ転落。それでもわずかに残るプライドが、屈辱からは い上がろうと樋口さんを突き動かしているようだ。

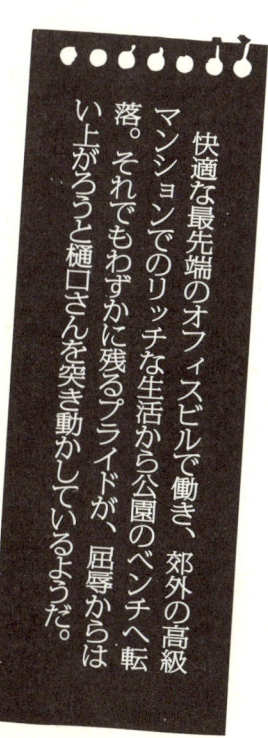

ガード下の管理職

▲▲▲▲▲▲▲▲桑畑浩之（55歳・元大手鉄鋼メーカー副部長）

白髪が目立つが髪は豊か。話しぶりは淡々としていて落ち着いた感じの人。ジャケットやズボンは汚れているが、身なりを整えてスーツを着たら、大企業の役員といっても通用しそう。

現住所▼▼上野公園から浅草にかけて。

生活状況▼▼雑誌拾いほかで1日1200～1300円の収入。ボランティア団体の炊き出しなどに頼っている状況。

写真同氏／新宿花園神社近くにある四季の道で。地べたで眠ることにも抵抗はなくなった。道行く人たちに奇異な目を向けられても恥ずかしいとも思わない。周りの人たちに何と思われてもどうでもいい。

ガード下の管理職
桑畑浩之（55歳）の場合

〜1999年4月
大手鉄鋼メーカー副部長
↓
2002年12月
指名解雇
↓
2003年10月
就職難
↓
2004年2月
上京
↓
2004年3月
無一文

会社なんて冷たいものだ。30年も勤めたのに、たった1枚の紙切れで事実上クビ切り宣告でした。会社から見れば一社員なんてのは、たんなる消耗品なんだ。人を何だと思っているんだろう。馬鹿にするなと言いたいよ。

ホームレスなんて遠い存在だと思っていたけど、いざ失業すると、簡単になってしまうものだった。まさかっていう感じだ。

「自惚れていたわけじゃないんだけどね。会社なんて冷たいものだ、本当に。」

大学は関西地方の国立大学、卒業後大手鉄鋼メーカーへ入社。本社、製鋼所を回り40代後半には本社の副部長に昇進したが、平成14年6月にリストラがあり整理対象に。半年間の猶予を与えられ、会社に在籍しながら再就職先を探したが、不調で同年末に進路未定のまま退職。約8ヵ月後に再就職できたが、事情があって2ヵ月で退職。平成16年2月に友人を頼って上京したものの、あてが外れる。

昔は鉄鋼メーカーに勤めていました。世間で大企業といわれていた会社です。入社したのは昭和49年だった、まだ〝鉄は国家なり〟なんていっていた時代だよ。就職できたときは、これで一生安心できると思ったね。

最初の配属は購買部でした、製鉄原料の買い付けを担当しました。その後は自動車鋼材部、鋼板部に勤務し、30代の後半から40代の半ばまで製鋼所の労務管理や安全対策をやっていたんです。46歳のときに本社へ戻ってからは建材販売部勤務でした。どの部署でも仕事はきっちりやってきたよ。

私は団塊の世代で同期入社が300人もいたけど、そこそこ出世し、最終的には副部長まで行きました。ここまではまあまあのサラリーマン人生だったんだけどねえ……。

私のいた会社では54歳を過ぎると順次、子会社や孫会社に出されるのが慣行でした。その年齢を過ぎて本社に残れるのは特定の専門職かラインの部長以上だけでした。上に行くほどポストが少なくなるからしかたありません。ですから私も50歳になったとき、あと3、4年で外に出るんだろうという覚悟は決めていたんだ。

ところが、2年もしないでいきなり退職要請だものね。驚いたというより「何で自分がリストラされるんだ」という怒りの方が強かった。

クビ切り通告があったのは平成14年の6月初旬でした。営業の外回りから帰ってきたら、「人事が呼んでいる」と言われて人事部へ行きました。そしたら別室に通され、人事部長と労務担当の常務から年末までに退職してもらうと通告されたんです。もう一瞬で頭が真っ白になりました。

常務が言うには、韓国や中国の安いところと競争していくにはコストを下げるしかない、もう人件費の高い中間管理職を抱えていく体力がないんだ、ということでした。私自身は四半期ごとの売り上げ目標はクリアしていたし、トラブルを起こしたこともありませんでした。とても納得などできませんが、一介の中間管理職が異を唱えたところでどうにかなるわけじゃない。会社ってのはそういうところだもの。諦めるしかありません。

「今後、この会社であなたにしていただく仕事はありません」常務に感情のこもらぬ事務的な口調でこう言われておしまいです。30年も勤めたのに、たった10分の面談で事実上、解雇通告だ。馬鹿にされたものだよ。

翌日、人事部の課長から条件の説明を受けました。退職理由は会社都合、退職金は規定の支給率に12ヵ月分加算、6ヵ月間は再就職支援会社にかかる費用を会社が負担するということでした。経営が苦しいなか、ここまでやってやるんだから文句を言うな、というのが会社の言い分でした。

2週間で若い社員に引き継ぎを終えたら、部屋からデスクと電話が撤去されました。翌月からは人事部開発室付にされ、別室に移されました。レクリエーション室を改装した退職予定者だけの部屋で、別名リストラ部屋といわれました。私を含めて60人がそこの所属にされたんですが、デスクは20脚、電話、ファックス、パソコンは2台ずつしかありませんでした。仕事なんてないんですからね。

再就職先を見つけてくるのが仕事で、その部屋で何か業務をするということはありません。日誌を書く必要もないし、タイムレコーダーも置いていなかった。極端な話、出社しなければしないでいいんです。要は次の勤め口が見つかればいいわけですから。

私は業種にかかわらず営業職に絞って再就職活動をやりましたが、厳しいのひと言でした面接をすればそれなりの感触はあるんです。しかし最終的にはやはり年齢が障害になるんです。

払う給料とこれからの貢献度を考えたら50代より40代、40代より30代と考えるのが普通ですものね。45歳以上は一気に厳しくなるというのが実感でした。

別室送りになった人のなかには再就職を断念して自営を選択した人が数人いました。退職金を元手に飲食店を始めたり、コンビニエンスストアのチェーンに加盟したりです。今はどうしているんだろうね……。

私は期限内での再就職がかなわず、平成14年の年末で退職することになりました。別室に移された人で再就職が決まって退職できたのは3割もいないんじゃありませんかね。技術系か特許関係、法務などの専門的な仕事をしていた人は、比較的簡単に再就職できたようでしたが、私みたいな営業や事務管理部門の人は惨憺《さんたん》たる状況でしたね。

退職金が2500万円ほど出たので、家のローンはそれで完済できました、会社都合の退職なので雇用保険はすぐに支給されたから、当初の生活はさほど苦しくはありませんでした。だけど毎日家にいるのが苦痛でしたね、女房の顔なんて見飽きているもの。

再就職したのは退職して8ヵ月後でした、求人広告誌で見つけた企業の社員教育ビデオだとか資格取得用の教育テキストなどを制作、販売していた会社でした。これが胡散臭い、いいかげんな会社でね。求人案内では給与40万円以上なんてあったんですが、入社してみたら6ヵ月間は試用期間で固定給は15万円。6ヵ月経って正社員になっても基本給は20万円程度であとは歩合ということでした。1ヵ月に100万円の売り上げがあったら20％の歩合が出て40万円になるというわけです。セールスのための交通費だって自己負担だった。まともな商売をしているところじゃないと思ったので、

2ヵ月で辞めましたよ。

それからも職探しはしたけど、関西はものすごく不景気なんですよ。民間の人材会社にも登録したけど、まったく連絡がなかった。職安へ行っても、仕事なんてありません。

雇用保険は切れるし、退職金はローンの返済に回したので、いくらも残らなかったでしょ。貯金ったって何年も暮らしていける蓄えはありませんから、働かなきゃ干上がってしまう。だから東京へ来たんだ。ひとつあてがあったからね。

大学の友人で木材の輸入・販売会社を経営しているヤツがいたんです。以前から中小企業にはいい人材が来てくれない、実務経験のあるベテランに若い社員を指導してほしいと誘われていたんですよ。同窓会で会うたびに「一緒にやってくれ」なんて言われていたので、思いきって訪ねてみたんです。だけど無駄足だった……。

事務所が入っているはずのビルに行ってみたら、もう閉鎖されていたんだ。管理室の人に聞いたらかなり前に倒産したということだった。自宅の電話番号も知っているから電話してみたけど、繋《つな》がらなかったね。大変なのは自分だけじゃなかったんだ。

女房には、昔から俺の実力を買ってたヤツだから喜んで迎えてくれるはずだなんて言ってたから、のこのこ帰れませんよ。カプセルホテルに泊まって都内の職安を回ってみたけど、大阪の人間がいきなり来たって仕事なんてありませんよね。

手持ちのお金は2週間もしないで使いきってしまった。帰ろうかと思ったけど、大阪まで歩いて帰るなんてできないよ。もう野宿するしかありませんでした。

大阪は東京よりホームレスのおっちゃんが多くてね。まだスーツを着て働いていたときは梅田や難波《なんば》でそういう人たちを見て、「ああはなりたくない」と思っていたけど、簡単になってしまった。何が悪かったんだろうと思いますよ。

今の生活ですか？　何もすることがないからねえ。ただボーっとしているだけだよ。気楽といえば気楽なものだな。収入はＪＲや地下鉄の駅を回って捨てられたマンガ雑誌だとか週刊誌を集め、古本屋に持ってって小銭稼ぎしているよ。この歳ではアルバイトの口もないし、かといって日雇い仕事なんて無理だもの。

こういう暮らしをしていると、恥という感覚が日に日に失《う》せていくね。

ごみ箱に手を突っ込んで雑誌拾いするのだって、何とも感じなくなるんだ。ボランティアがやっている給食も、初めは惨めで情けなくて、新聞で顔を隠していたけど、今はもう何とも思わないものな。ダンボールを敷いて寝たり、地べたに座って弁当を食ったり酒を飲んでいるところをサラリーマンやＯＬの人に見られても平気になってしまった。人間なんて驚くほど簡単にみっともなくなっていくんだ。

何もかも面倒くさい。仕事を探すことも家に帰ることも億劫になってしまった。そんな意識が言葉の間に見え隠れする。「もうどうでもいいんだ。俺のことはほっといてくれ」という投げやりな言葉に諦めがにじんでいた。

兜《かぶと》町《ちょう》けもの道

▲▲▲▲▲▲▲▲ 上條昌彦（51歳・元準大手証券会社外務員）

格子柄のセーターに黒のジーンズ、毛糸の帽子という姿は実年齢より若く見える。典型的なバブル体験者だが「あれは目茶苦茶な時代だった」と冷静に分析。社会復帰の意欲は旺盛で、今でも『会社四季報』と「日経金融新聞」は必読。

現住所▼▼新宿区新大久保の簡易旅館。

生活状況▼▼歌舞伎町の個室ビデオ店の職を得たが、住まいは新大久保の簡易旅館。もう少しでアパートが借りられそう。

雑誌拾いは貴重な収入源。周りに人がいてもゴミ箱に手を突っ込めるようになった……。みっともないとか恥ずかしいという感覚はもうない。（イメージ写真）

兜町けもの道
上條昌彦（51歳）の場合

〜1985年4月
証券会社
外務員
↓
1990年2月
バブル崩壊
↓
1991年3月
借金精算
↓
1998年2月
転職
↓
2003年2月
解雇

バブルってのは破裂させちゃ駄目、軟着陸させるべきだったんだ。完全に政策間違いだった。国も俺も空白の10年だったということかな。どんなに偉そうなことを言っても、住所不定の簡易旅館暮らしで風俗店の店員なんかじゃ、誰もまともに相手をしてくれないよ。今の俺を見れば分かるでしょ？

金を持ち過ぎて自分を見失う人は多い。だけどお金がなくて人生が破綻する人はもっと多い。

「この歳になってドボンさ。天国から地獄に真っさかさま、我ながら啞然、呆然だ。」

大学卒業後、中堅の証券会社へ入社。8年後に準大手証券会社へ歩合制の外務員として転職。バブル期は正規の仕事のほかに、自己売買に手を出し数億円の利益を出していたが、バブル崩壊後の株価暴落で多額の借金を背負うことに。全財産を処分して負債を返済し、その後も別の証券会社に移り外務員をしていたが、平成15年2月末に成績不良のため解雇される。

向こうが西新宿になるんだな。でかい建物が見えるだろう。いちばん右側がセンチュリーハイアット、都庁の前は京王プラザ、左側の奥がパークハイアット。昔はよく泊まったんだよ。一泊3万円ぐらいの部屋でもカプセルホテルみたいに使っていた。

上の階から下を見ると、人間なんてアリンコみたいに見えるんだ。コーヒーなんか飲みながらせわしなく動き回っている人間を見て「俺はこいつらとは違うんだ」とよく悦に入《い》っていたな。

何をやっていたのかって？　株ですよ、株屋。証券会社の外務員をやっていたんですよ。27年も株の世界で生きてきて、一時はサラリーマン3人分の生涯賃金と同じくらいの金を手にしていたけど、バブル崩壊で俺の生活も足元から崩れていった。

大学を卒業して就職したのが昭和52年、オイルショックの直後だったよ。就職したのはD証券という中堅の証券会社でね。社員100人、店舗5つの小さな会社だったけど面白い人が多かった。「この業界で5年飯を食えば世の中のことが分かる」って言われたし、別の先輩からは「うちで実力を磨いて、大手に移るのか金を残すのか、早いとこ決めておけよ」なんて言われたよ。俺は金を残す方を選んだんだけどね。

D証券には丸8年勤めて辞めたんだ。理由はもっと稼ぎたかったから。給料もボーナスもけっこう良かったけど、大手や準大手のところと比べると明らかに差があったしね。先輩に誘われて契約外務員として転職したのは準大手のS証券で、そこでは特定の個人客に絞り込んだ営業に集中した。オーナー経営者、医者、上場企業の役員なんかだね。会社の業績、個人の年収や納税額を調べて、片っ端から回ったよ。お金はあってもステイタスのない人間は怖いんだ。どうしてもトラブルを起こしやすい。逆に社会的地位のある人はもめごとを避けるから、おいしいお客さんなんだ。S証券に移って最初の年で年収は1200万円あった。その当時ではたいへんなものだよ。都市銀行の役員クラスと同じだもの。32歳のときに板橋のマンションを買ったんだけど、2000万円一括で払えたぐらいだよ。

当時は兜町を駆け回っていた。午前の取引が引けると仲間と鰻屋《うなぎや》や天麩羅屋《てんぷらや》に繰り出したものさ。株屋は天麩羅が好きでね。昼飯に天麩羅を食うと午後の相場が上がるんだ、なんて他愛もないことを言って騒いでいたよ。収入もサラリーマンの月給より一桁多かった。歩合でやっているから月によって変動があったけど、多いときは月380万円とか400万円の給料だったんだ。社長の年収が3000万円ぐらいだったとき、こっちは5000万円近い稼ぎがあったもの。よく外務員仲間と言っていた「空から銭が落ちてくる」ってさ。

これだけ金が入ってくると生活が派手に、贅沢《ぜいたく》になっていったね。板橋のマンションを売って広尾に一戸建ての家を買ったんだ。1億7000万円だったけど、全額キャッシュで払ったよ。1億、2億なんてすぐに用意できる金額だった。遊びもメチャクチャでね。週末になると外務員仲間と銀座のクラブやバーに繰り出していたけど、一件の支払いが60万円とか70万円だった。高い店ばかり選んで4、5軒ハシゴするんだ。月末には他社の外務員たちと慰安旅行で熱海《あたみ》、石和《いさわ》、伊香保なんかへ行ってコンパニオンと乱痴気騒ぎ、そのうちグアムが定番になって、金曜日の前場《ぜんば》（午前の立ち会い）で仕事を終えると、飛行機に乗ってグアム島へ。2日遊んで月曜日に帰ってきたらそのまま兜町に直行して仕事するなんて具合だ。よくあれだけ遊べたと思うよ。

バブル全盛期、NTT株の上場で日本中が沸き立ったんだな。これに味をしめて自己売買に手を出すようになっちゃってね。

NTT株はひたすら売りまくったよ。1日200本、300本も電話をかけて予約を取るんだ。なかには親兄弟に親戚の名義まで借りて、30株も買ったおっさんがいたな。俺も全財産注《つ》ぎ込んだ。一株150万円で40株買って280万円で売り抜けた。税金を引いても4000万円儲かったからね。

年号が昭和から平成に変わった頃が俺のピークだったな。外務員として売買の注文を取るより、自分の金を増やすことに力を入れていた。取引所に出入りしていたからいろんな情報が入ってくるんだ。仕手筋がどこそこの株を買いあさっているとか、何とか工業の役員が自社株を30万株も買った、何か裏があるみたいだって具合にね。広尾の家を担保にして信用金庫から1億5000万円借りて、10銘柄ほどいじってみたんだ。仕入れた株は半年で2億円に値上がりしていた。結果的には自己売買にのめり込んだのがいけなかったんだけどね。

離婚したのは平成になってすぐだった。女房のヤツ、浮気してやがったんだよ。こっちも薄々感づいていたから調査会社に調べさせたんだ。そしたら高校の同級生という男でね、聞いたこともない中小企業のサラリーマンだった。どうしてこんな貧乏な男がいいんだと呆《あき》れたよ。娘がまだ4歳だったから養育費ということで3000万円だけは渡したんだ。子どもに罪はないからね。あの子、どうしているだろうね……今年成人式なんだよな。

平均株価は3万円を突き抜けてもまだ一本調子で値上がりしていたので、今度は持っている株を担保に証券金融から1億円借りて銀行株や商社株を買い入れた。3割ぐらい益出ししたら売り抜けるつもりだったんだ。

ところが平成2年になったら値崩れし始めた。最初は決算対策で利益確定の売り物だと思っていたのに、毎日ダラダラと落ちていく。4万円目前だった平均株価が3万

5000円になって、3万円になって、そして大暴落してしまった。売りが売りを呼んで下げ止まらない、あっという間に2万5000円を割り込んで急落だった。

大暴落で、もう頭の中が真っ白だったよ。俺が買い込んでいた株は、ほとんどが半値以下になってしまったからね。客からも売り注文が殺到したけど、そんなのほったらかしで自分の持ち株の始末に苦心していた。1年かかって全株投げ売ったけど、入ってきたのは1億2000万円ちょいだ。信用金庫と証券金融の借金が都合2億5000万円だから、1億3000万円も損を抱えたというわけさ。本当に泡のように消えていったよ……。証券金融は金利が高く取り立てがきついから先に返したけど、信用金庫からの借り入れには手が回らなかった。しかたないから家を売ったけど、不動産も値下がりしていて買値より5000万円も安く買い叩かれてしまったよ。

せっせとため込んだ貯金をあらかた引き出してどうにか全額返済したけど家はなくなる蓄えはなくなるでスッカラカン。破産したり自殺するよりはましだと思うようにしたけど、惨めなものだね。

小さなアパートに移って、証券外務員を続けていたけど、平均株価が下がる一方で客なんていなくてね。証券会社にとって稼ぎの悪い外務員は不用品。「もういいです」って契約解除されたのが、平成10年初めだった。三洋、山一が破綻した直後だね。

S証券の後は地場のM証券というところに、やはり外務員として入ってね。その後ITバブルなんてのもあったから、俺の生活も少し持ち直したんだよ。以前とは比べようもないけど、いくらか蓄えもできてさ。ところが、これも長くは続かなかった。平均株価が落ちると、おっかなくて株を買うヤツなんていやしないよ。3ヵ月連続して最低ノルマをこなせなかった。そしたらあっさりクビ。ずっと株屋でやってきたから兜町に残りたかったけど、証券会社はどこも人余り。伝《つて》やコネを頼って職探ししたけど、駄目だったよ。

家賃を3ヵ月滞納して追い出されてしまってね。今は歌舞伎町の個室ビデオ店で店番、掃除、チラシ配りなんかをやっているよ。住民票がないからまともな会社では使ってくれないからね。1日12時間もコキ使われて日当1万5000円じゃ割が合わないけどしかたない、公園で野宿するよりはましだからな。この1年、ひたすら貯金に励み、何とか50万円ほどつくったし、あと30万円つくればアパートを借りて職探しに専念できそうだ。とにかく住所をきちんとしないとな。そしたらまた兜町で働けるよう算段してみるよ。

このところ企業の業績は上向いてきたし景況判断もプラスに転じているだろ。株価も底を打ったみたいで取引所の出来高も多くなってきている。取り引きが活発になれば、外務員を採るところがあると思うんだ。

俺はこんなところでくすぶっているつもりはないよ。

いつまでもこんなところにいる気はない、いたいとも思わない。いつかは証券マンとして復活してみせる。上條さんは自分を諦めてはいないし、希望も失っていない。

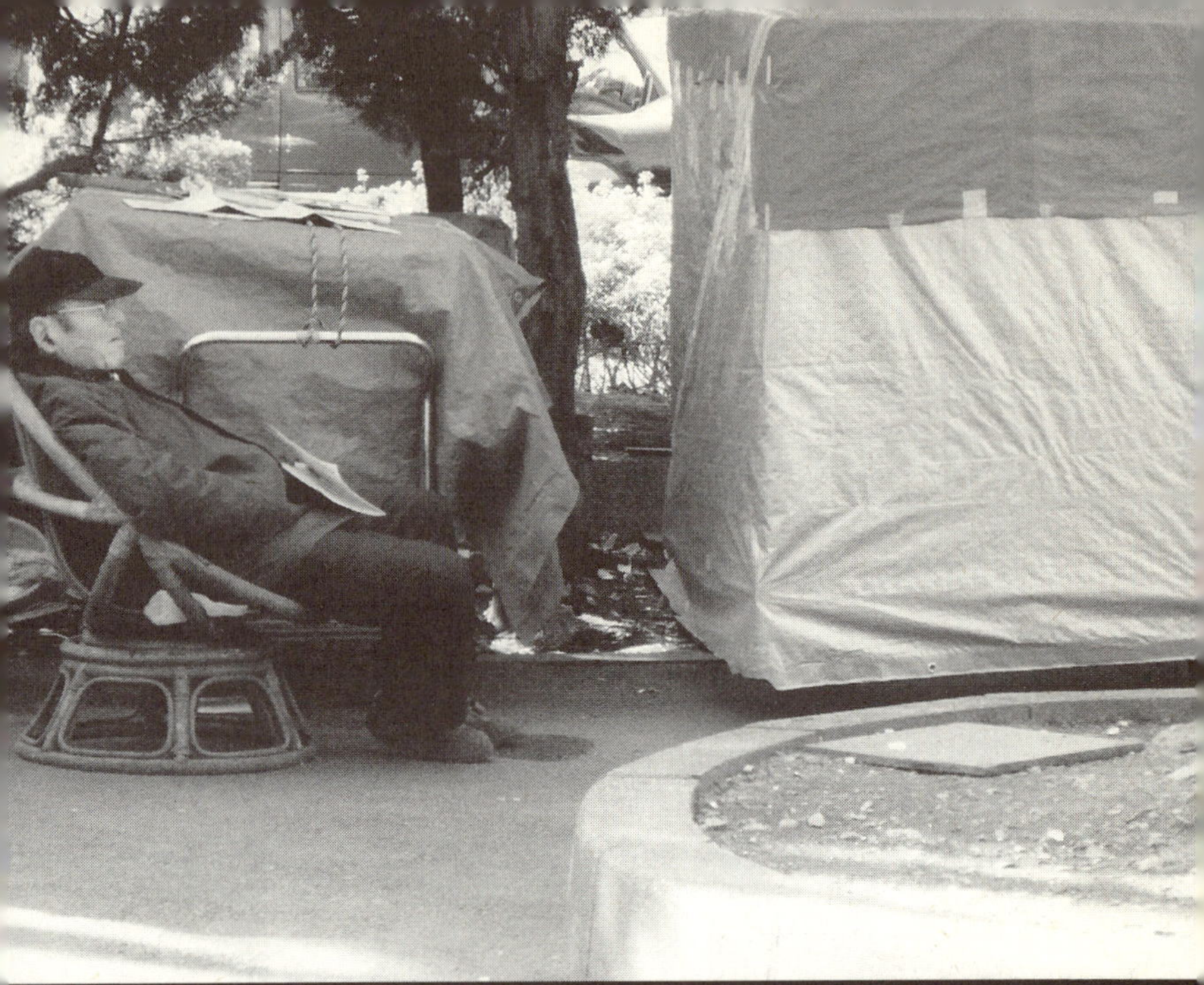

不安だらけで生きている

▲▲▲▲▲▲▲涌井英章（56歳・元準大手ゼネコン営業部長）

身長170cmぐらいだが痩《や》せて顔色が悪い。汚れたスーツの上着に登山用のヤッケ、野球帽というアンバランスな姿。もはや仕事を得る体力も気力も失っている様子。ボランティアの援助がなければ野垂れ死にしてもおかしくない状況。

現住所▼▼江戸川河川敷。

生活状況▼▼雑誌拾い、アルミ缶回収で1日1500円ほどの収入。最近は病気が再発して体調不良がはなはだしい。

写真同氏／顔色が悪く、ときどき激しくせき込む。持病の治療はもう2年以上も受けていない。福祉事務所へ相談に行ったが、住所がなければ生活保護等の福祉は受けられないと門前払いだったそうだ。

大学まで出て、比較的大きな会社で管理職をやっていたけどそんなものは何の役にも立たなかった。

サラリーマンなんて会社がコケたら一巻の終わりってことさ。身にしみて分かったよ。もう希望はなくなった。このまま死んでどこかの無縁墓地に葬られておしまいだ。

不安だらけで生きている
涌井英章（56歳）の場合

～1994年2月
建設会社
営業部長

↓

1998年6月
倒産

↓

2000年1月
再就職

↓

2003年1月
解雇

↓

2004年10月
夜逃げ

「あっという間に青テント生活。こんなぶざまな姿になるとはねえ。」

都内の有名私大を卒業し、準大手クラスのゼネコンに入社。主に営業部門に勤務していたが、バブル崩壊後は会社の経営状態が急速に悪化。平成10年に倒産してしまう。会社倒産直後に退職し、再就職先を探すも、年齢が障害になって不調。約1年半後に警備会社に契約社員として採用されたが、平成15年1月に解雇されてしまう。その後はまったくの無職状態が続き、江戸川河川敷の住人となる。

27年勤めた建設会社が倒産したのが7年前でした。その後1年7ヵ月経ってようやく小さな警備会社に再就職できたのですが、そこも去年の5月に解雇されたんです。その時でもう55歳だからね、仕事なんてありませんよ。雇用保険が切れてからは、アルバイトやパートの口をいくつかやってみたけど、収入なんて微々たるものでした。

私は在職期間のほとんどを営業で過ごしたんですが、残業、休日出勤は当たり前。

出張も多かったし、公共工事を発注する役所の幹部を接待するのも重要な仕事でした。

こんな調子だったから結婚生活は破綻しています。実績を上げれば、会社はそれに報いてくれたから一生懸命働いたんです、私自身も仕事が好きだった。女房ももちろんそれを分かってくれていると思ってたんだけど、ひとりよがりだったんだな。連日、残業で帰るのは10時、11時。週末は上司や部下と飲み歩き、土日は接待。たまに休めても疲れて寝ているだけで、家族連れで食事に行ったり旅行することもなく、夫婦の会話もありませんでした。

ある日、出張から帰ったら家はもぬけの殻で、判を押した離婚届がテーブルの上に置いてあった。それからバブルが崩壊してね。

女房とは何度か話し合いの機会を持ったけど「もう嫌なの」の一点張りでした。こっちも頭に血が上って判を押してしまいました。協議離婚が成立したのは41歳のときだった。8歳の息子がいたんですが、親権も別れた女房に持っていかれました。

それから3年もしないでバブルが崩壊しました。私の勤めていた会社も同業他社と同じで惨憺《さんたん》たる状況でしたよ。大型マンション、商業施設、オフィスビルなど工事が完了しても、施主が代金の支払い不能になったり倒産したりで、百数十億円の焦げつきが発生しました。デベロッパーと共同開発したリゾートマンションなんてまったく売れず、計画の段階では2LDKの部屋を4000万円で販売する予定だったのに、最終的には1300万円までダンピングして売りさばいたんですよ。バブル景気に踊って受注したり計画した案件は、すべて大赤字だったんです。

あとはもう、リストラと賃金カットの連続でした。

最初の合理化は平成5年の末でした。45歳以上の社員を対象に勧奨退職の募集があったんです。この時に手を挙げていたらなあ、と悔やみましたね。私は勤続22年目でしたので、早期退職なら加算金が付いて1300万円ぐらいの退職金がもらえたはずでした。40代半ばなら再就職の口もあったと思います。だけどその時は踏ん切りがつかなかったんです。上の人間が10人以上退職したので副部長に昇進することになったし、役員連中も3年で建て直すと言っていたんです。私だって10年以上も不況が続くなんて思ってもいなかったしね。もう少し様子を見てから、なんて思っていました。私の知り合いにも大手メーカーや金融関係の会社を早期退職した人が何人かいたのですが、みな苦労しているみたいでした。同業他社に移れても社風が肌に合わなかったり結果を出せずに退職する破目になったということを聞いていたのでね。事業を始めた人もいたけど、うまくいかず負債を抱えて倒産したという人も知っていました。そういう現実を見聞きしていたので、勧奨退職には躊躇《ちゅうちょ》しちゃいました。

ところが会社の状況はさらに悪化し賃金カット、役職手当の廃止、賞与の支給停止などが次々に実施される事態になってしまいました。私の場合だと、年収で200万円以上削られましたよ。冗談でなく、ローン破産した社員がいましたもの。こんなんじゃやっていられないと思い転職を試みたんですが、社会全体が日に日に不景気になっていっているのだから、転職の目処《めど》など立ちません。30代前半までの若い社員や一般職の女子社員は先を争って退職していきましたが、私は辞めたくても辞められないという感じでした。

会社が倒産したのは平成10年6月でした。裁判所に会社更生法の適用を申請したんです。幹部は倒産とは言いませんでした、再スタートのためだと取りつくろっていたけど、実質的には20億円以上の負債を抱えて倒産ですよ。

管財人の管理下で営業は継続することになりましたが、労働条件は大幅に切り下げられました。私に示された雇用条件は、基本給18万円に若干の手当が付いて月給20万円なんてものでした。当面の間は賞与の支給もないというんです。50歳にもなって大卒の初任給と同じ程度の賃金じゃ働く気にはなれません。ですから退職したわけなんです。だけど会社は実質的に倒産したわけなので、退職金は規定の20％しか支給されませんでした。それも分割で、です。本当に悔やみましたよ。希望退職の募集があったときにもらえるものはきっちりもらって辞めてたらなあ、と後悔しました。

退職後は時間を置かず再就職先を探しましたが空振りの連続でした。建設業界は大手も中堅も軒並み業績不振だから、若手や技術者ならともかく、50代の営業職を中途採用するところなんてありませんでした。

前の会社の下請けさんなどにも当たってみたけど、けんもほろろだった。長い付き合いがあって昔は仕事を回していたんですが、会社がつぶれたら途端によそよそしくなったよ。

もう業界内で転職することは諦め、業種や職種にかかわらず職探ししたのですが、まったく駄目だった。マンション販売会社、繊維問屋、建設コンサルタント会社、設備メーカー、運輸会社……人材銀行や民間の職業紹介所経由で10社近くと面接しましたが、不採用の通知しか来ませんでした。

時期も良くなかったからねえ……失業率が3％台から4％台に悪化し、そのうち5％台に突入するんじゃないかといわれていた頃でしょ。悔しいけど、私程度の人間は掃いて捨てるほどいますよ。雇う方とすれば、30代までの若い人、よほど能力が高くても40代前半までしか選考の対象にしないんでしょう。

私の場合は年齢と勤続年数から雇用保険は300日支給してもらえました。1ヵ月にすると約20万円だったから、生活が困窮するところまではいきませんでした。2DKのマンションから1Kのアパートに移ったりして生活防衛していたからね。ただ、次の仕事が見つからないという不安で不眠症になりましたよ。精神的にはつらかった。

警備会社に入ったのは平成12年の1月でした。前の会社が倒産して1年7ヵ月後です。失業率がどんどん悪化していくうえに、年齢も51歳になっていました、もう営業職や事務職の仕事を得るのは無理だと諦めたんです。50過ぎたら作業職、運転手、警備員ぐらいしか求人がありません。大学まで出て、比較的大きな会社で管理職をやっていたけど、そんなものは何の役にも立たなかった。サラリーマンなんて会社がコケたら一巻の終わりってことさ。身にしみて分かったよ。

警備会社では1年ごとの契約社員として働いていました。倉庫、オフィスビル、病院、商業施設などに派遣されていたんですが、つらい仕事でした。食事と休憩時間を除けば1日8時間も立っているか巡回で歩いているかだから、腰や膝が痛んでね。やり始めた頃は仕事が終わると両足がむくんでパンパンだった。日勤と夜勤を1週間交代でやり、休みは週1回だけ。月に25、26日働いても、手取りの月収は20万円ありませんでしたよ。扶養家族がいないのでこの程度の収入でもやってこれましたが、やりがいや面白味はまったくなかったな。

警備会社に入って2年半ほど経ったとき病気になりました。頸《くび》のところが腫《は》れて動悸《どうき》がするんです、下痢も頻繁にありました。病院で検査したら、甲状腺機能亢進症《こうしんしょう》と診断され、1年以上病院通いをすることになりました。この病気のせいで、警備会社は解雇されました。若くて体力のある人は残れたけど、病気持ちの私は「おたくはもういいです、ご苦労さまでした」って言われておしまいだった。

また雇用保険をもらいながら職探ししたけど、54歳じゃ求人なんてありません。半年間は月16万円ぐらい支給があったけど、打ち切られてからは貯金を取り崩しながら細々と暮らしていました。たまにデパートの配送や郵便局の仕分け作業みたいな短期のアルバイトはやったけど、1年もしないで蓄えを使い果たし、アパートの家賃も払えなくなってしまいました。夜逃げして野宿生活に転落だ、あっけなかったね……。

今は雑誌拾いをやっているけど1日2000円にもならないよ。2カ月ぐらい前からまた体の調子がおかしくなってきてね。座ってるのに胸がドキドキして息苦しくなったり、手の指が震えたりしてきた。

お金はない、住む家もない、そのうえ体も蝕《むしば》まれてもう不安だらけです。

若いときは上昇志向が強く競争心も旺盛だったようだが、現在は見る影もなく朽ち果てたという感じ。自分の不運を嘆く姿は痛々しく、哀れを誘う。

今後の希望としては、きちんと就職して働きたいという人は49.7%にとどまり、13%の人が今のままでいいと回答。ホームレス歴が長いほど、社会復帰の意欲が低下する傾向が見られる。

現在収入のある仕事（複数回答）

廃品回収	67.9%
建設日雇い	15.7%
運輸日雇い	2.0%
その他雑業	1.5%
その他	12.8%

最近3ヵ月間の平均月収（複数回答）

1000円未満	2.0%
1000円から5000円未満	9.4%
5000円から1万円未満	13.6%
1万円から3万円未満	35.2%
3万円から5万円未満	18.9%
5万円から10万円未満	13.5%
10万円から15万円未満	2.8%
15万円から20万円未満	1.2%
20万円以上	1.3%
その他	2.0%

ホームレス全体の65%は何らかの仕事をしているが、平均的な月収は5万円未満が約80%、これでは社会復帰は容易なことではない。

※以上は厚生労働省への電話取材の結果／ホームレスに対する全国規模の一斉調査はこの2003年1月～2月の調査以降は実施していないという。

ホームレスに関する全国調査

国が全国規模で行った2003年の調査によると、確認されたホームレスの総数は25296人、そのうち749人が女性であった。都道府県別では大阪府が7757人と最も多く、東京都6361人、愛知県2121人、神奈川県1928人、福岡県1187人の順。また47都道府県すべてでホームレスが確認されており、ホームレス報告のあった自治体は581にのぼり地方に広がる傾向が顕著になった。

主要都市におけるホームレスの増減

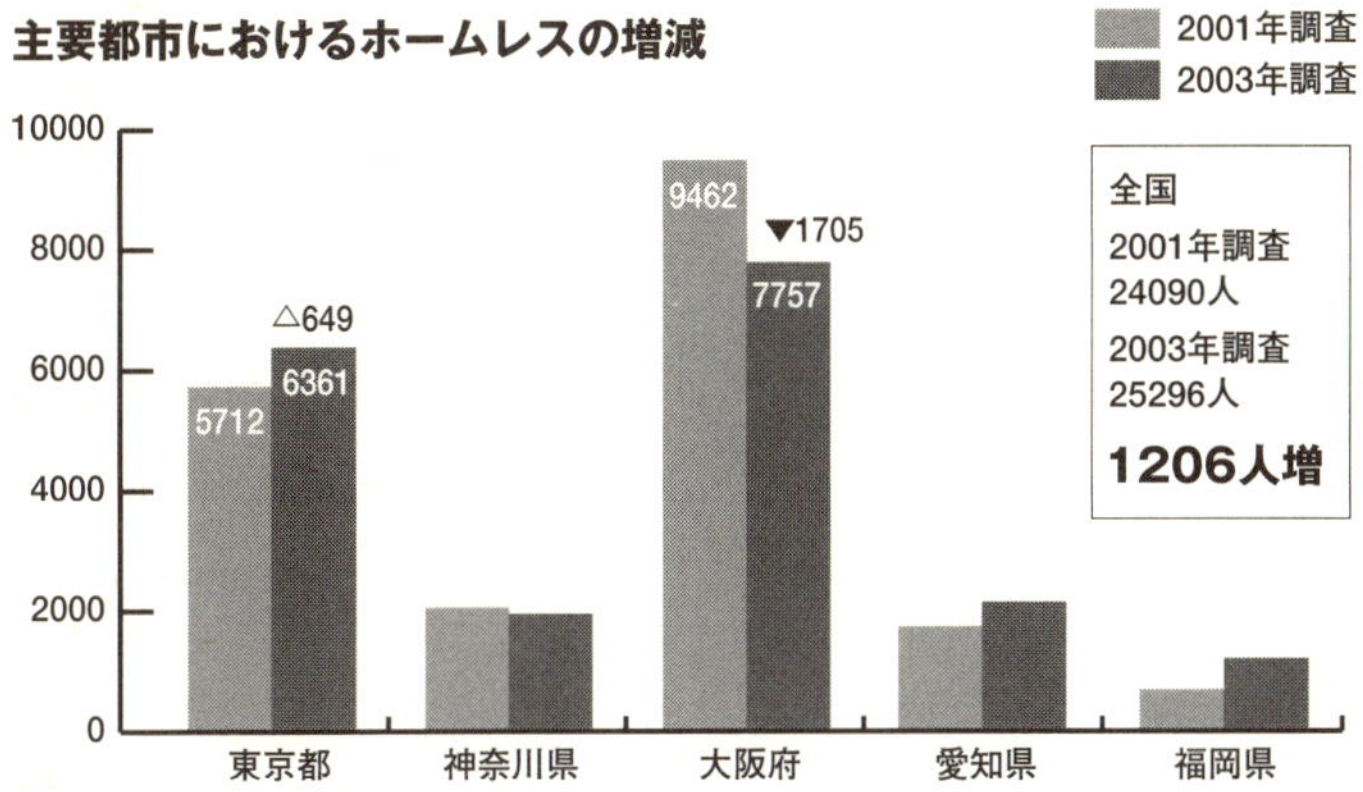

路上生活の期間（複数回答）

1ヵ月未満	4.4%
1ヵ月〜3ヵ月未満	5.6%
3ヵ月〜6ヵ月未満	8.4%
6ヵ月〜1年未満	12.4%
1年〜3年未満	25.6%
3年〜5年未満	19.7%
5年〜10年未満	17.3%
10年以上	6.7%

Case 2

漂流するホワイトカラー

年を取るのが悪いのか

▲▲▲▲▲▲ 鈴木栄司（56歳・元中堅住宅メーカー営業所長）

体格は小柄。髪はほとんど白髪になっているが、きちんと整髪している。コール天のズボンとグレーのセーター、すべて不燃ゴミとして捨てられていたもの。住宅メーカーの営業所長まで出世しただけあって、話し方は理路整然としている。口ぶりから内心では家に帰りたがっている感じ。

現住所▼▼JR品川駅界隈。

生活状況▼▼雑誌拾い、風俗店のティッシュ配りで月7万円ほどの収入。

写真同氏／拾い集めた雑誌類を青空書店へ持っていく。実は店主もホームレス。強い者が弱い者を支配するのは、一般社会と同じ構図。ホームレスのなかでもヒエラルキーがあるのだ。

私だって好きでブラブラしていたんじゃないんだよ。必死に職探ししたさ。だけど女房のヤツは邪魔者扱いして居場所がありませんでした。子どもにまで哀れむような目をされたりだ。

もう少し優しくできないかね、こっちだって悩んでいたんだから。

年を取るのが悪いのか
鈴木栄司(56歳)の場合

〜1989年10月
住宅メーカー
営業所長
↓
2000年8月
リストラ
↓
2000年9月
長期失業
↓
2001年3月
夫婦ゲンカ
↓
2004年2月
家出

「人間、どこで立場が変わるか分かったもんじゃないよ。」

大学卒業後、中堅の住宅メーカーへ入社。約30年勤続し営業所長まで昇進したが、リストラにより53歳のときに退職することに。年齢が障害となり再就職口が見つからず、約2年間アルバイト的な仕事を転々とする。失業後から夫婦仲が悪化し、平成15年2月頃に失踪。品川駅近辺で野宿生活に。

以前は営業の仕事をしていたので、鉄道はよく利用していました。そうすると、地下鉄やJRの駅でホームレスの人たちを何人も目にするんです。当時は見て見ぬふりをしていたけど、内心では「ああなったらおしまいだよなあ」とか「こんなふうにはなりたくない」と思っていたものです。

バブルの頃は、まさか自分が人さまから白い目で見られる人間になるなんて考えもしなかった。

私は都内の私立大学を卒業すると、中堅の住宅メーカーに就職しました。30年以上営業マンとして働いてきました。2×4《ツーバイフォー》のユニット住宅が中心だったんですが、注文住宅の設計・施工もやっていたし、軽量コンクリートの集合住宅なども手がけていました。住宅ブームに乗って規模を拡大し、関東の主だった都市に営業拠点を置くまでに成長したんです。頑張れば会社は成長し、自分の地位や収入も上がっていくということを体感していましたから、仕事は楽しかったですよ。バブル景気の頃なんて、さばききれないほど注文が入ってきたからね。

それまではダイレクトメールを送ったり、パンフレットを持って戸別訪問するというのが営業の基本でしたが、バブルの頃は土日・祝日には応対しきれないぐらいのお客さんがモデルルームへ見学に来るようになりました。外回りなどしなくても営業所で電話を待っていれば契約が舞い込んできました。

価格も坪35万円から40万円のミドルスタンダードより、坪50万円台の高級仕様の方が売れるんです。しかも契約するのは、30代のニューファミリーといわれた若い人たちが多かった。本当に景気がいいんだなあと思いましたね。

私はバブル後半の2年間は集合住宅の担当もやったのですが、土地を持っている人たちが相続税対策でアパートやマンションを建てるのがブームになりましてね。2年間で70棟近い契約を取ってきたものです。

収入も同年代の人の平均額よりかなり良かったと思います。私の勤めていた会社は営業職には賞与のときに報奨金が出るんです。利益分配ということですが、私の場合多いときは半期で300万円近い支給がありましたからね。バブル景気の5年間は年収で1000万円以上ありました。

42歳で営業所長に抜擢《ばってき》され、千葉の方に4LDKのマンションも買ってね。でも、これがピークでした。バブルが崩壊してからは大変でしたよ。年々、契約高が落ちていきました。特に平成9年の下期から一段とひどくなりました。契約がまったく取れないんです。世の中全体が不景気にあえいでいるんですから2000万、3000万円かかる家を建てようなんて人はそういませんよ。大手の住宅メーカーも価格を下げて少ないお客さんを取り合いです。そうすると、どうしても名前の通った有名メーカーにお客が流れてしまいます。

価格やグレードが同じなら、大手メーカーの方が安心できますものね。部下の尻を叩き、私自身も早朝から夜遅くまでセールスに歩きましたが、収入もどんどん減ってしまい、良かったときに比べたら3割以上も落ち込みました。

解雇通知なんてあっさりしたものですよ。呼び出しがあって本社へ行ったら、常務と人事部長がいて「申し訳ないが今月末で辞めてもらうことになりました」と言われておしまいです。

会社が合理化すると言ったのは平成12年の8月でした。設計部門を除いて30％の人員を削減するということでした。営業所も統合されて、20人が余剰人員にされてしまいました。そのうちのひとりが私だったんです。

常務は将来、業績が回復すれば再雇用するなんて言ってましたが、いかにも白々しかったよ。退職の条件は、有給休暇の残りを買い取ることと、退職金に基本給の10ヵ月分を上乗せするということでした。所詮は中小企業ですからね、そんなに多くは出ませんでした。まあ800万円と少しです。申し訳程度の送別会があり、花束をもらいハイヤーで家まで送ってもらったらサヨナラだった。大手企業では再就職の斡旋《あっせん》をしてくれたり、再就職支援サービス会社への登録などをしてくれるのだそうですが、中小企業じゃそんなアフターケアはありませんでしたね。

退職金でマンションのローンを繰り上げ返済したので、借金は消えました。雇用保険も月に22万円ほど支給されたので、経済的に追い詰められたりはしていなかった。でも、再就職がねえ……。

面接のとき必ず年齢のことを言われましたね。「若い世代の人とうまくやっていけますすか」とか「50すぎで入社したとして、どれだけうちに貢献してくれるんだ」とかね。もう、怒るとか腹を立てるというより呆《あき》れてしまいました。年齢の高さはその人間の能力や人格まで否定される要素じゃないと思うけど、どこへ行っても年齢が高すぎると言われて、馬鹿らしくなってしまいました。

経験が生かせる住宅関係の会社に絞ってみたけど、まったく駄目だった。約1年の間に30社近くへ履歴書、職務経歴書を送ってみたけど、書類選考を通ったのは半分もありませんでした。何とか面接まで進んでも最終的には不採用なんです。元営業所長という肩書も敬遠されたみたいです。

失業保険が切れた後はショッピングセンターで駐車場の管理員をしていました。買物に来た客に駐車券を渡し、帰るときに料金を徴収するという簡単な仕事でした。契約社員ということでしたが、日給月給制で月収は18万円ぐらいでしたね。

前の会社をリストラされて半年ぐらいで夫婦関係がおかしくなりました。昔は私も仕事、仕事で帰りが遅く、あまり会話もありませんでした。だから妻も子どもたちに手がかからなくなってから働いていたんです。妻は元中学の数学教師だったので、以前から進学教室の非常勤講師をしていたんですが、私がリストラされてから常勤になって去年の初めから教室をひとつ任されているんです。私なんかより格段に収入が多いですからね。惨めなものでしたよ。

家を出たのは2月中頃でした。妻の父親の法事があるということで、その打ち合わせのため妻の妹が来ることになったんですが、「平日の昼間に夫が家にいるのはみっともないからどこかへ行っててよ」なんて言われちゃいましてね。しかたないから上野まで来て、映画館で時間をつぶしていました。

その後、焼鳥屋で飲んでいたらいい気分になってしまってね。家へ帰るには京成電車に乗るんだけど、酔っぱらってたので逆方向の電車に乗ってしまったんです。電車の中でも寝込んでしまい、起こされたのは接続している地下鉄の終点だった。外に出てみてもまったく知らないところだろ、とぼとぼ歩いていたら神社があったので、その夜は境内のベンチで夜明かししました。

翌日、起きて腕時計を見たらもう昼近くになっていた。何か、もうどうでもよくなってしまってね。帰るのも面倒くさくなってしまったんだ。

職探しでは年齢ではじかれ、家にいれば妻に邪魔者扱いされる。何もかも嫌になってしまったんです。

池上と蒲田に3日間いて、それからここ（品川）に来ました。工事現場の仕事なんてできないから、雑誌拾いと風俗店のチラシ配りをしていますが、思っていたより稼げます。月7万円ぐらいになるから、飢え死にするなんてことはないよ。だけど住まいはないから公園や地下道、アーケード街の店の軒先などで夜明かししています。完全なホームレスですよ。

一昨日だけど雨が降ってきたんで地下鉄の構内に入ったんです。荷物を持ってうろうろしていたら、前から来た若いＯＬ風の２人連れが私のことを避けて通っていった。汚いものを見るような目をしていたね。得体の知れないヤツ、何をするか分からない危ない人間と思ったんだろうね。

昔、自分がしていたことを今はされている。立派なホームレスになったもんだ。

一生懸命に働いても会社は裏切る。30年も会社に尽くした鈴木さんの人生は何だったのだろう。また、夫婦とは、家族とは、を考えさせられるケースで、奥さんがもう少し優しく接していたら、家を捨てることはなかったのではないかと感じた。

バブル世代は不用品

佐々木昌洋（38歳・元都市銀行勤務）

ブルージーンズにジャケットという服装はまったく普通。勝ち組に対する憧れは一切なくなったと、投げやりなことを言う。目鼻立ちのはっきりした好男子で、スーツを着ていれば流行りのIT系企業のビジネスマンでも通用しそう。

現住所▼▼杉並区の友人宅に居候。
生活状況▼▼製パン工場の朝パート、月収10万円ほど。

上野の不忍池近くの道路沿いには同様のダンボール小屋が30以上立ち並んでいる。（イメージ写真）

バブル世代は不用品
佐々木昌洋（38歳）の場合

～1989年4月
大手都市銀行入社
↓
1990年2月
バブル崩壊
↓
1998年2月
出向・転籍
↓
1998年8月
離婚
↓
2000年1月
解雇

間違いで大企業に就職できたけど、入ってからはつらいことばかりでした。

先輩や上司からは使えないヤツと怒られてばかり。就職氷河期に入ってきた一流大学卒の後輩にも露骨に馬鹿にされていた。おまけに女房も馬鹿女だった。身の丈に合った就職をし、堅実な女性と結婚していたら、まったく別の人生が送れたかもしれないな。

「クビ切り、離婚、またクビ切り。もう、踏んだり蹴ったりでした。」

都内の中堅私大を卒業して都市銀行に就職する。安定したサラリーマン生活を送るはずが、バブル崩壊で暗転、リストラ要員に。短期間に移動を繰り返すなどの扱いを受けた挙げ句に、取引先の衣料品問屋へ出向。そのまま転籍したものの、2年弱で解雇されてしまう。以後はアルバイト生活をしていたが、体調を崩し辞めることになる。離婚歴あり。

僕、出身は岡山なんです。高校まで向こうにいて、大学入学のため東京に来ました。大学は中堅私大の商学部に進みました。その頃からバブルっていわれるようになったんですかね。アルバイトだってよりどりみどりでした。大学生活は楽しかったですよ。

就職活動も楽なものでした。4年生になったばかりの頃から、数十社の会社案内が送られてきました。完全な売り手市場でした。僕も夏休み前には非鉄金属のメーカーから内定をもらっていたんですが、9月末になって大手のK銀行から追加募集で求人票が来たんです。自分でもまず採ってもらえることはないと思ったけど、駄目元というか、ひやかしで受けてみたら、内定が出ました。大卒だけでも500人も採用した年だったから、その中に潜り込めたんでしょうね。

元々、僕の卒業した大学じゃ入れるようなところじゃなかったんだ。内定通知をもらったときはついていると思ったけど入社してからはつらかった。

入社後は出身校によってはっきりと格差がありました。やはり東大は別格でしたね。大蔵省や日銀担当はすべて東大卒で固められていた。幹部候補といわれるのも、ひと握りの有名大学卒業者だけで、こういう人たちは本店や大型店を行き来して出世していくんです。なかには、経営学の修士号を取るために、国内外の大学院に行かされる人もいました。僕のような中堅私大出身じゃ、その他大勢の兵隊ですから、本店や基幹店に勤務することはありません。いくつもの支店をぐるぐる回るだけです。だから人工衛星っていわれてるんだ。運がよければ小さい支店の次長、これが現実でした。

僕は大阪の支店勤務からスタートしました。バブルの波が東京から関西へ来た頃でしたから、仕事はもっぱら不動産や土地開発業者への融資と、それに関する調査業務でした。大手の不動産会社と地上げ屋の連絡係みたいなこともやりましたよ。もちろん業務命令でした。A社がどこそこの土地をまとめたがっているとか、あそこの工場が廃業するので500坪売りに出すらしいなんてことを開発業者に耳打ちするんです。うまくいけば、莫大な金が動きますからね。入社間もないぺーぺーでも成功したときは業者から接待してもらったことがありました。本店勤務のエリートさんにはない余《よ》禄《ろく》はずいぶんありましたね。

大阪には2年いて、次に東京の郊外の支店に移りました。仕事は貯金集めでした。支店のエリア内を回って貯金を集めてくるという、外回り業務です。公団、公営住宅、新興の住宅地があるので、貯金集めにはさほど苦労しませんでした。業務成績は中の上ぐらいだった。この支店にいたときにバブルが弾けたんですね。

景気が悪くなってからは嫌な仕事ばかり押し付けられました。まさか自分がリストラの対象になるなんて、そのときは思ってもいなかったんです。

神奈川県内の支店に移ってからは、中小企業から貸金《かしきん》を回収したり、住宅ローンやフリーローンを焦げつかせた人の後始末ばかりでした。リストラが始まったのは平成7年からです。最初の頃は45歳以上の人たちだけが対象で、条件も良く、支店の次長クラスなら7000万円も退職金が出たそうですから、世間からは殿様リストラなんていわれてた。その頃はまだ20代でしたから実感がありませんでした。2、3年したら景気は回復するものだと思っていました。

ところが拓銀や長銀が経営破綻すると風向きが変わってきました。大蔵省が絶対につぶさないと言っていた都市銀行が飛んでしまったんですからね。僕の勤めていた銀行も、週刊誌などで「次に危ない銀行だ」なんて書かれるようになってしまったんです。平成8年になると、給料の高い中高年社員は軒並み関連会社へ出されました。それだけで終わらず、とうとう僕のようなバブル期の大量採用組の選別が始まったんです。すでに同期入行のトップ組とは社内資格で差をつけられ、後輩の第一選抜組にも追い抜かれてしまいました。

平成9年の1月に結婚したのですが、翌月には北関東の支店に、半年したら今度は東海地区の支店へ、その半年後には東京の下町の小さな営業所へとたらい回しのように異動を繰り返されました。３度目の異動のとき、そこの支店長に「短期間のうちに異動を繰り返すのはどういう意味があるのか考えろ」と言われました。また半年して今度は神奈川県下の中型店に移ったのですが、２ヵ月もしないうちに支店長から取引先の衣料品問屋へ出向するよう命令されました。

うちの経営は非常に苦しい、中高年のリストラだけではすまない状況なんだ、ということでした。「本部では、バブル期に採用した新興大学出身者は使えないといっている。もう銀行に席はない」と言われました。

銀行には同じ大学を卒業した先輩はひとりもいません、誰も守ってくれませんでした。出向ということでしたが「３ヵ月後には転籍してもらう。嫌なら自発的に退職するしかないよ」と突き放されてしまいました。

退職したとしても再就職口を探すのは難しいと思ったので支店長の言うことに従い、平成10年の末で銀行を離れ衣料品問屋へ行き、翌年の4月からはそこの社員へ完全移籍しました。仕事はデパートや大手スーパー相手の営業を担当していましたが、収入は大幅に減ることになりました。銀行では年収６５０万円ほどだったのが、転籍してからは480万円ぐらいに落ちました。やはり銀行は高給だなと思いましたよ。

夫婦仲がギクシャクし始めたのは僕が銀行を出されてからです。「K銀行員の妻というのが私の自慢だったのに、どうしてくれるのよ」なんて言うんです。妻は4つ下なんですが、やはりバブル世代なんです。ディスコのパーティーで知り合って結婚したような女だからね。会社も誤算だったけど結婚も失敗だった。僕が衣料品問屋に移った2ヵ月後に実家へ帰り、それっきりです。子どもがいなかったので、あっさりしたものです。まあ、馬鹿な女と縁が切れてすっきりしたけどね。

衣料品問屋では気分一新して働いていたんですよ。営業成績も悪くはなかったし、同僚との関係も良かった。ところが不景気が続いて売り上げが低迷したので、またリストラです。

生え抜きで古手の人も何人か辞めるのに、よそから来た新参者が残れません。約2年勤めたんですが、50万円の退職金をもらって依願退職ということになったんです。退職してすぐに職探しを始めましたが、まったく駄目でした。その頃は、失業率が5%台に入ったと大騒ぎしていました。そんな不景気の真っただ中で安定している銀行を辞め、転職先も2年足らずで退職している。そういう人間は、よほど無能か犯罪絡みの不祥事でも起こしたんじゃないかと勘繰られるんです。

外食産業の面接では「君には向いていないよ」なんて言われたし、印刷会社では「K銀行にいたほどの人なんだから、うちみたいな中小企業に来ることはないでしょう」なんて嫌みを言われました。

雇用保険は3ヵ月で終わり、それからは派遣会社に登録し、食品メーカーで商品管理の事務をやっていたんです。ところが、ストレス性の大腸炎にかかり、ひどいときには1日に10回以上も下痢になってしまいました。欠勤が続くようになると、派遣先から途端に嫌な顔をされ、去年の9月いっぱいで派遣取りやめにされました。社会保険には未加入だったので、雇用保険の給付はありません。貯金も3ヵ月で使い果たし、家賃も払えなくなってしまいました。

今、何をやっているかですって？　朝だけ製パン工場で働いています。だから昼間はこうやって公園で昼寝しているんです。もう岡山の実家へ帰るしかないよね。K銀行に就職が決まったときは親戚みんなが集まってお祝いしてくれてさ、自分も鼻高々でした。今さら「銀行も転職先もクビになって無職なんです。面倒見てもらえませんか」なんて言うのは惨めだけど、このまま東京にいても展望がないからなぁ……。

もう2年も定職に就けなくて自信喪失気味だよ。普通の神経ならおかしくなりますよ。バブルを起こしたのも不景気になったのも僕のせいじゃないんだ。

役人や政治家が滅茶苦茶にしておいて、何で僕らがそのツケを払うんだろうね。おかしいと思いませんか?

巡り合わせの悪い人生だが、すべてが自分のせいだと思わないこと。運が悪かったんだと過去を切り捨てろ。まだ若いのだから、人生のリセットボタンを押せばいい。

リストラ役がリストラされて

▲▲▲▲▲▲▲ 池田政和（57歳・元自動車部品メーカー管理職）

頭はすっかりハゲあがり老け込んだ感じ。衣服はかなり汚れていてひと目でホームレスと分かるが、話してみると中堅企業の元管理職らしく、紳士的で温和な人という印象。会社に利用され、ポイ捨てされた中高年の悲哀がにんでいた。

現住所▼▼代々木公園。
生活状況▼▼雑誌拾いをしているが、収入は1日500円ほど。コンビニの廃棄弁当で飢えをしのぐ生活。

写真同氏／洗足公園のベンチで。現金収入があると酒を飲むそうだが、きまって悪酔いするという。意地悪だった先輩や、自分に退職を迫った会社の役員たちを包丁でメッタ刺しする夢を何度も見たそうだ。

私がやったことは会社の命令なんだ。嫌な役目を押し付け、利用するだけ利用した挙げ句が解雇通告だ。私の人生はメチャクチャになってしまった。会社に対しては恨みしかありませんよ。つくづくサラリーマンというのは悲しいものだと思います。

生まれ変わってもサラリーマンにだけはなりたくない、もう嫌だね。

リストラ役がリストラされて
池田政和（57歳）の場合

〜1997年4月
自動車
部品メーカー
管理職

↓

2001年2月
リストラ

↓

2003年6月
再就職

↓

2004年3月
解雇

↓

2004年5月
蒸発

「クビ切られなきゃ、いい歳をした男が掘っ建て小屋で暮らしたりはしないよ。」

都内の私大を卒業し、大手自動車会社系列の電子部品メーカーへ入社する。管理職に昇進したが、会社の合理化があり、リストラ役を押し付けられることに。10人以上の工場従業員をクビ切りしたが、人員削減が事務管理部門まで及ぶと、真っ先に整理対象となってしまう。退職後に運送会社の嘱託社員になったが、仕事中のトラブルで解雇されて失業。

昔は地下道や駅でホームレスの人たちを見ると避けて通っていましたね。粗暴で怖い人たちという思い込みがあったんだけど、そういう考え方はまったくの誤解でした。私はここ（代々木公園）で暮らすようになって半年になりますが、今までここにいる人たちから嫌な思いをさせられたことは一度もありません。どの人も親切で優しいんです。少なくとも、勤めていた会社の人間より温かい、そう思いますね。

今はこんな状況にいますが、これでも3年ほど前まではサラリーマンをやっていました。自動車関連部品のメーカーに勤めていたんです。N社系列で主に自動車の電気系統の部品を設計・加工していた会社でした。系列会社のなかでは大きい方ですが、社員250人ほどの中小企業です。それでも親会社の庇護《ひご》があったので、経営状態は安定していました。入社してからは資材管理、営業、総務などの部門を回り、製造管理課長まで務めたんですが、リストラで放り出されてしまいました。

会社の状態が悪くなったのは平成4年頃からです。N社のシェアがどんどん落ちてきて車が売れないんです。だから部品メーカーもそれにつられて受注が減っていったんです。利益が年々落ちていくので給料は据え置き、賞与の50%カットといった人件費の削減が何年も続きました。N社の社長が交替してからは、一層のコストダウンを求められました。とうとう人員整理に手を付けたんです。最初は工場従業員の削減でした。それまで5人でやっていた仕事を4人でやる。さらに機械化を進め、もう1人減らすというように、ね。

そんな状況下で、私はクビ切り役人を押し付けられたんだ。

リストラが始まったとき、私は製造管理課長だったので、経営幹部から「整理する社員を選別したり、自主的に退職するように説得してくれ」と言われたんです。10人以上の社員に退職要請したんですが、つらいものでした。どの人も社歴では私より先輩だったし、何か問題があったわけでもありません。年齢なんですよ。50歳以上の技能職はもういらないというんです。

「給料が半分になっても我慢するから続けさせてほしい」と言う人もいましたが、会社が切ると決めた以上、私の力ではどうにもなりません。私も中間管理職だから会社の考えは分からなくはないけど、嫌な役目だった。

それでもやらなければ自分自身が無能というレッテルを貼られてしまうのだから命令に従いましたが「恨んでやる」とか「お前、ただですむと思うな」なんて罵《のの》し

られ神経性の胃炎になりました。本当につらかった。

工場のリストラが完了してからは会社の業績も上向いてきました。N社が低迷期を脱して売り上げを回復してきたので、私がいた会社も受注が増えたんです。リストラされた人には申し訳ないと思ったけど、これで会社も自分も安泰だと思いましたね。

ところが平成12年になってもう一段のリストラがあったんです。社長が言うには「業績が回復してきた今こそ経営基盤を強めたい」ということでした。要は、人件費の高い管理部門の中高年を整理するということです。定年まで3年を切っている人たちは規定の退職金に12ヵ月分上乗せで退職。50歳以上の管理職のうち半分を降格させて配置転換するということでした。私は製造管理課長からヒラに降格され、工場勤務を命じられました。月々の給料は管理職手当を含めて7万円も削られました。

3ヵ月経ってようやく慣れたと思ったら、次は配送係へ移動。工場で造った製品をトラックに積んでN社の工場へ輸送する仕事でした。ところがこの部署も4ヵ月で移動です。総務課付にされデスクワークに戻ったのですが、通常の仕事とは別に、社屋や工場の清掃をするように、と命じられました。

若い社員からは「何もあそこまでして会社にしがみ付くこともないのに」なんて陰口を言われました。特に私は以前に上からの命令でリストラ役をやらされましたから、同情されるよりザマアミロと思った人もいたみたいです。

仕事が終わった後、ゴミの回収や掃除機かけまでもやらされました。それまでは清掃サービス会社が入っていたのですが、経費削減のためだというんですよ。工場から出る金属クズやプラスチッククズの回収、社員食堂の生ゴミ、残飯の処理。女子トイレの清掃まで元製造管理課長だった私や元経理課長、元営業課長にやらせるんです。まるでさらし者でした。自尊心なんてズタズタ、屈辱的でした。

会社から整理解雇を通告されたのは平成13年の2月でした。専務に呼ばれ「3月末で解雇ということになります」と言われただけです。あんまり人をコケにした言い方だったので、もうちょっとでキレそうでした。下手したら暴れていたかもしれないな。退職金に割り増し金が加算されたけど、中小企業ですからね。30年も勤めたのに、1000万円もありませんでした。親会社では3000万、4000万円ももらえるのに、これっぽっちだからね。大企業の人がうらやましかったよ。

退職した後は気持ちを切り替えて職探ししたんですよ。職安に通い、求人広告を見て100通以上の履歴書を出したんですが、まったく駄目でした。

募集条件では55歳までとなっていた会社でも面接してみると「あなたの年齢では同僚とうまくやっていけない」なんて言われて不採用です。資格や専門的能力のない元中小企業の事務職なんて売り込めるものがないというわけなんです。

生活が困窮するのに時間はかかりませんでした。雇用保険は300日間支給されましたが、1ヵ月当たりの金額は22万円ほどです。住まいは公団の団地なんですが、家賃と共益金で10万円必要でした。それに国民健康保険と夫婦2人の国民年金の掛け金が4万円、生命保険やガン保険などの保険料が2万円だったから、手元に残るのは6万円ちょっとです。退職金の残りを取り崩して生活費の補塡《ほてん》にあてていました。約2年でほとんどなくなってしまったんです。見かねた息子が自分のところに呼んでくれましてね、息子のアパートで同居することになったんです。

私が再就職できたのは前の会社を辞めて2年4ヵ月後でした。引っ越し運送会社に嘱託作業員として入ったんです。50すぎでは体力的にきついけど、事務職や営業職は年齢制限で駄目だからしかたありません。郊外に配属され、単身赴任のようなかたちになりました。1年頑張ればアパートを借りるお金がつくれる、そうしたら妻と2人で暮らしていける、そう思っていたんですが、仕事中に大きな事故を起こしてしまいました。

タンスを2階に上げているときに足を踏み外してしまいましてね。手を離してしまったものだからタンスが転げ落ち、一緒に作業していた人が下敷きになって足の骨を折る大ケガを負わせてしまったんです。タンスは壊すし、家の壁にも大きなヒビを入れてしまいました。営業所の所長には「何てことしてくれたんだ」と怒られました。お客さんへの弁償やケガをした人の労災申請など後始末が大変だったそうです。本部の担当者から、「あなたの年齢ではこの仕事は無理ですよ。この先、また事故を起こされてはかないませんので辞めてもらいます」と解雇されました。住んでいた寮は出ていかざるを得ません。収入も住まいも一気に失いました。

所持金が8万円ぐらいあったのでカプセルホテルを泊まり歩いていましたが、2週間で底を突きました。そのあとは川崎にいる弟のところへ行って都合してもらったんです。二度用立ててもらい、15万円貸してもらいました。そのお金で簡易旅館やサウナを利用し、10ヵ所以上の職安に行ってみたけど仕事なんてありませんでした。

私、もう57歳でしょ、職安へ行っても求人ファイルさえないんです。

弟を頼って訪ねたのですが「金をせびりにくるだけならもう来ないでくれ」と怒られてしまいました。そりゃ弟にしたって迷惑な話ですものね。そして完全なオケラになりました。家族のところへ帰る電車賃もありません。

息子のところに戻ろうかと思ったけどみっともなくてねえ……。家族だからこそ惨めな姿を見せたくないというか。戻ろうか、どうしようかと迷っているうちにズルズル経ってしまったんですよ。もうどうしようもなくなってしまい、公園生活に転落さ。あっけないものだな……。

何でこんなことになっちゃったんだろう、そればかり考えています。

あまりに冷静で淡々と話す口調の裏に「なぜこんなことに?」という無念さを感じた。失踪して1年にもなっていないのに、すっかりホームレス生活がなじんでいる、それがいちばん悲しい。

従来、ホームレスには住所がなく、連絡先もないために就職することが困難だったが、自立支援センターの拡充によって多くのホームレスが社会復帰できるものと期待されている。

都や区が2004年から、新宿中央公園など5つの公園に住むホームレスに、借り上げアパートを紹介する事業を始めたことなどから、東京23区のホームレス数は減少傾向にある。実際に23区内のホームレス数が2004年の5500人から、2005年には4300人と大幅に減少、2006年には3773人となり、8年ぶりに4000人を割ったのも自立支援システムの成果といえる。

東京23区のホームレスの人数推移

※2006年調査　東京都福祉保健局調べによる

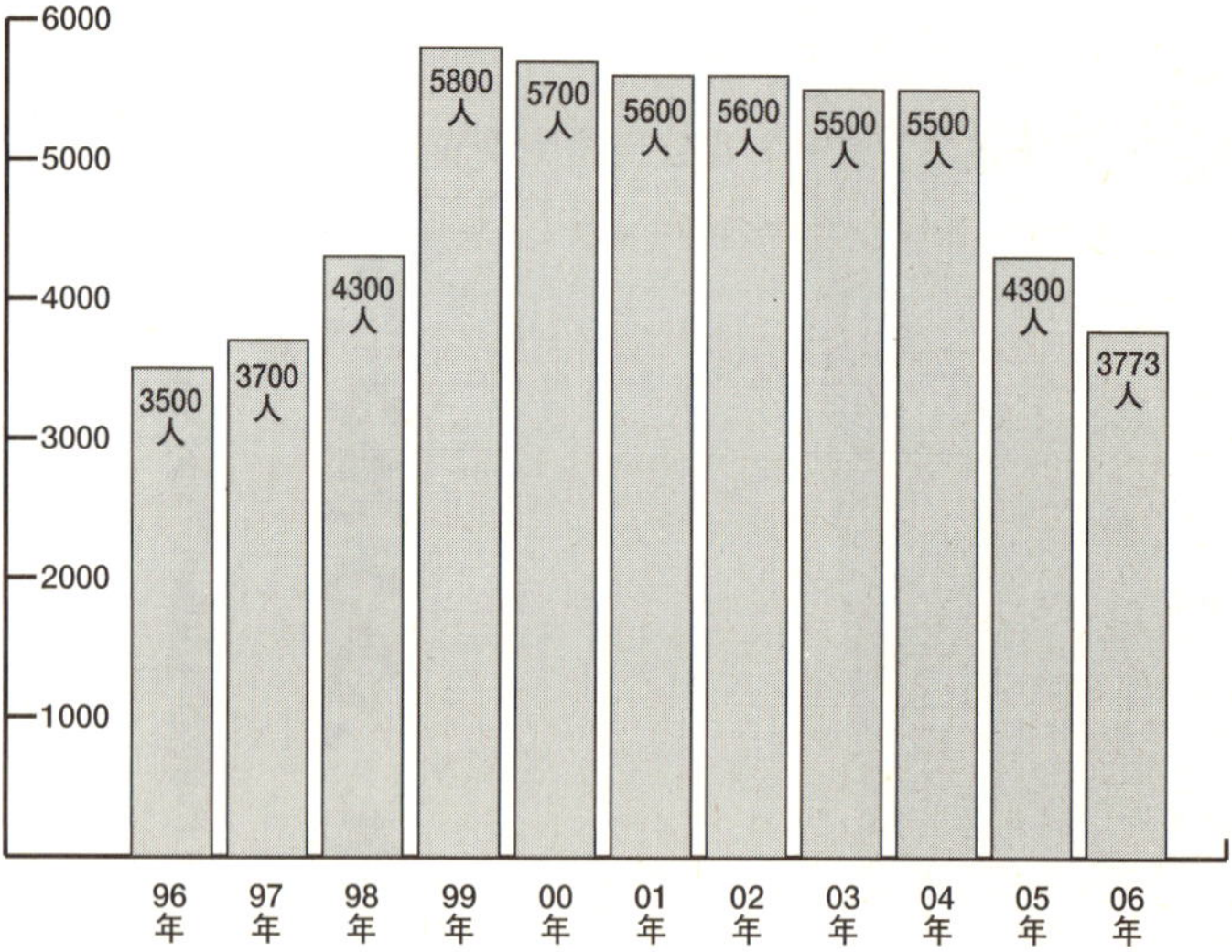

ホームレスに対する行政の対応

ホームレス自立支援法 ………国

急増するホームレス問題解決のため2002年7月の通常国会で可決された特別措置法。正式名は「ホームレスの自立の支援等に関する措置法」。

ホームレスの自立支援のため国、地方自治体が総合的に行う施策で、安定した就労機会や住居を確保し、健康診断を実施。またホームレスになるおそれのある人に生活相談や指導を行う。宿泊場所の一時提供や日常生活に必要な物品の支給・ホームレスの人権擁護などを規定している。国に対しては、ホームレスの全国実態調査を義務づけ、施策策定時には地域住民や民間の支援団体の意見を聞くよう求めている。

自立支援センターは20ヵ所近くに増え、東京都のセンター利用者の就労自立率は50％に上る。国は2005年度予算に約32億円の対策費を計上した。またハローワーク、元ホームレスや母子家庭などの生活保護受給者の就労を支援する担当者を新たに配置するなどして取り組みを強化している。

緊急一時保護センターと自立支援センターの設置 ………東京都

東京都はホームレスの社会復帰を支援する施策の拡充に力を入れており、2000年11月より緊急一時保護センターと自立支援センターを順次設置。現在（2006年1月）までに稼動しているのは緊急一時保護センターが大田、板橋、江戸川、荒川、千代田の5ヵ所。自立支援センターは台東、新宿、豊島、墨田、渋谷の5ヵ所。

保護されたホームレスはまず緊急一時保護センターに入り、健康診断などを受けて社会に適応できる体力を回復する。次に自立支援センターに移り、職業安定所の指導を受け求職活動に励む。食事や求職活動のための費用は支給される。

自立支援センターは原則として2ヵ月、必要に応じてさらに2ヵ月滞在できるので、就職が決まった後もセンターに留まり、アパートの敷金や生活資金などを蓄えてから独立していくということである。

◎ホームレス入門

ノブさんとの1週間

ホームレスの人たちはいったいどうやって日々の生活を送っているのか？　大田区蒲田で知り合ったホームレス歴1年10ヵ月という、通称〝ノブさん〟と1週間を過ごしてみた。

ノブさんは茨城《いばらき》の出身で本人の弁では49歳。俳優の田村亮に似た、なかなかの男前だ。元々は郷里で電気店を経営していたという。自宅兼店舗を建て替えたが、その直後に大型の家電量販店が相次いで出店してきたため、急激に売り上げが低下、廃業に追い込まれた。

ノブさんがホームレスになった一番の原因は借金。店舗兼住まいを建て替えたときに信用金庫から2000万円の融資を受けたのだが、元利合わせて返済できたのは2年ほど。あとは利息だけしか払えない状態だった。その後、設備工事会社に勤めるが、信金への支払いをするため、ついにサラ金に手を出したのが運の尽き。雪だるま式に借金が膨らみ、家は差し押さえられて競売処分、自己破産した。

妻子には愛想を尽かされて離婚。設備工事会社もリストラで解雇された。地元で働き口を探していたがかなわず「東京なら何とかなるっぺ」と上京したものの目算が外れ、いつしか所持金も底を突き、ホームレス生活に至ったということだ。

ホームレスには大まかに2タイプがあって、ひとつは公園や河川敷に小屋を建てて暮らす定住タイプ。ホームレスのなかでもより貧しく、高齢者や病人、アルコール依存症などが大半。これらの人たちはボランティア団体の炊き出しに頼ったり、夜中、飲食店やファーストフード店の残飯あさりをしている人が多い。

もうひとつは日雇い仕事をしたり廃品回収などでどうにか日銭を稼ぎ、サウナ、簡易旅館などを転々としている移動型の人たち。ノブさんはこちらの部類に属する。

わずかでも現金収入があるため、ノブさんの外見は意外にこざっぱりしている。ホームレスのなかには、汚れて悪臭を放っている人もいるが、ノブさんはパッと見ではホームレスとは分からない普通の感じの人だ。服装はカーキ色のネルシャツにVネックのセーター、ジーンズも破れたり汚れたりはしていない。履いているスポーツシューズも比較的新しいもの、防寒具はダウンジャケットという、どこにでもいるそこらへんのオヤジと同じ。ただ移動するときはリュックサックを背負い、キャリーカーを引っぱっているので、敏感な人は「ああ、この人はそうなんだ」と思うかもしれないが、たいがいの人はすれ違ったぐらいでは何とも思わないだろう。

そんなノブさんの1週間を見てみよう。

電車に乗って終日雑誌拾いをする

○月×日(水) 1日目

正午少し前にJR蒲田駅前でノブさんと待ち合わせ。ノブさんは前日、川崎の24時間営業のマンガ喫茶で夜明かしし、朝6時頃から京浜東北線に乗って仮眠していたという。電車は冷暖房完備のホテル代わりなのだ。

昼飯の買い出しで近くのスーパーへ。ノブさんが買ったのは、賞味期限切れ当日のカレーパンとソーセージパン、いずれも通常定価の20円引き。惣菜パン2個で153円。

食事場所は児童公園で、飲み物はペットボトルの水だけ。このペットボトルは使い回しで、水は病院、図書館、駅などのウォータークーラーで補給している。

食事が終わると蒲田駅へ。衣類などの入っているリュックサックはコインロッカーに入れ、キャリーカーを引いて京浜東北線に乗車。蒲田から大宮方面の電車に乗り、ひと駅ごとに下車して、改札口近くのゴミ箱から雑誌を拾っていく。

約2時間後、赤羽駅に到着。拾い集めた雑誌は一般週刊誌、女性芸能誌、コミック誌など約100冊。これを赤羽駅近くの古本屋に持ち込んで換金。買値は1冊20円から40円。買い取りを拒否されたものも数冊あったが、しめて2700円。

自販機の缶コーヒーでひと息入れると、再び京浜東北線に乗車。今度は赤羽から大船方面の電車に乗り、先ほどと同じ要領で雑誌を集める。復路でも100冊近い収穫があり、これらは大井町の古本屋で買い取ってもらうことに。成人向けの写真誌が数冊あって、これは1冊100円の値が付く。買い取り総額は3300円。

元手いらずで実働5時間、それで6000円の儲けなのだから、おいしいといえばおいしい。

蒲田に戻って荷物をコインロッカーに預けると、今度は歩いて大森に移動。7時すぎに吉野家で夕食、メニューは豚丼の大盛りと味噌汁、それに野菜サラダ。

食事のあとスーパーに入って夜食用のあん団子（3本100円）を購入。

この夜は大森のサウナで一泊。

○月×日(木) 2日目

高級住宅街のゴミ捨て場を狙う

前日と同様に昼から夕方6時頃まで雑誌拾い、この日の売り上げは5300円だった。

雑誌拾いの後は、港区内の図書館で8時まで過ごす。といっても読書するのではなく、仮眠をとるために図書館に入ったのだ。

8時に図書館が閉館になると、JR田町駅近くの立ち食いそば屋で夕食。天玉うどんといなり寿司2個で520円也。その後、山手線に乗って一周。

約1時間後、田町に戻ると今度は地下鉄に乗って高輪へ。もう10時近くになっていて辺りはすっかり静まりかえっていたが、ここからが稼ぎ時。高級住宅街のゴミ捨て場を物色するというわけだ。

まず高輪台小学校近くのゴミ捨て場でラジカセを発見、見た目はどこも傷んでいない。さらに歩いて白金へ、ここでは大量のゲームソフト、CDが捨てられていた。

元麻布の高級マンション近くのゴミ捨て場では、コーヒー茶碗のセットを見つけた。木製の化粧箱に入っているものでノリタケ製。おそらく結婚式か何かの引き出物だろう。ノブさんによれば、このようなものはひと晩で必ずひとつは手にできるという。なかには包装紙に包まれたままの、まったくの未使用品もあるそうだ。

西麻布一帯では、クリーニング店のビニールに包まれたままのアディダスのベンチコート、アダルト物のDVD20枚、ホットプレート、地球儀をゲットする。

明け方5時に六本木に到着。六本木ヒルズの森タワーは4分の1ぐらい明かりがついていた。テレビのワイドショーで、ヒルズの住居棟には月の家賃が200万円もする部屋があると言っていた。その足元で、夜通しゴミ拾いをしている者もいる。世の中というのはつくづく不公平なものだと実感する。

ノブさんは、拾い集めた品物を地下鉄のロッカーに保管し、動き始めた大江戸線でしばしの眠りについた。

○月×日（金）　3日目

ゴミ拾いひと晩の儲けは……

朝5時半頃から10時近くまで地下鉄大江戸線で休憩、西新宿で下車し地上へ。某高層ビルの洗面所で歯を磨き顔を洗う。その後マクドナルドに入って380円のセットメニューで昼兼用の食事。その後、歩いて新大久保のリサイクルショップに前夜の拾得物を持ち込む。店主はノブさんと顔見知りのようだ。まずラジカセはAM・FMともラジオ受信ができ、テープの録音・再生も問題なし。ただステレオでなくモノラルなので買い取り価格は300円。アディダスのベンチコートは新品同然なので1400円の値が付いた。地球儀は400円、ホットプレートは通電しないためゴミ扱い。

ゲームソフトの類は高田馬場の大型古書店へ。ここでは本だけでなくCD、ビデオなども買い取ってくれるのだ。ここで一番金になったのがアダルトDVD、20枚で4000円也。ゲームソフトは15本で2200円、CDは30枚で2600円の査定。ゴミ拾いひと晩の儲けは都合1万900円。

山手線と京浜東北線を乗り継いで蒲田に戻る。2時頃から蒲田―大宮、大宮―横浜、横浜―上野と行き来して雑誌集め。前日発売の「週刊新潮」、「週刊文春」、「モーニング」、「ヤングジャンプ」など120冊あまりと「週刊ダイヤモンド」、「週刊エコノミスト」などの経済誌を数冊手に入れる。集めた雑誌は上野の古本屋で売却、3900円を手にする。

5時すぎ、ノブさんが電話ボックスに入った。数分後、戻ってきたノブさんは「これから新橋に行く」と言う。

ノブさんはあるビルメンテナンスの会社の土日パートに登録していて、週末は都心のオフィスビルの清掃作業員として働いているのだ。上京した直後は工事現場で電気の日雇い仕事や引っ越し業者の作業員をしたことがあったが、土木関係は手配師のピンハネがひどく、引っ越し会社は拘束時間の割には賃金が安くて嫌になったという。

ビル清掃の仕事は新聞広告で見つけたそうだ。一応履歴書は出したが、そこに書いた住所は泊まっていた簡易旅館のもの。それでも採用されたという。「早い話、これも日雇いと同じだからね。そんなにうるさいことは言わないよ」とはノブさんの弁。

昨年の秋口にこの仕事を見つけ、土日はほとんど働かせてもらっているという。

いったん蒲田に戻り荷物をまとめて新橋へ、カプセルホテルに泊まることにする。

○月×日（土）　4日目
週末は清掃作業員になる

朝8時に西新橋にある清掃サービス会社の事務所に集合。この会社は小中規模のテナントビルの清掃業務を請け負っている会社で、ノブさんは土日のみにやる特殊清掃の臨時作業員ということになる。メンバーが揃うとワゴン車で虎の門のビルに移動。1階から5階までのエレベーターホールと廊下を薬剤で洗浄し乾燥させた後、ワックスコーティングして磨きをかけるというのが仕事の内容。

虎の門のビルは12時半に作業終了、1時間の休憩を取る。食事は弁当が支給された。午後は日本橋のオフィスビルに移動。こちらは共用部分の清掃に加え、テナント室内の絨毯《じゅうたん》をドライクリーニングの要領で清掃。終了したのは5時少し前、これで日当は1万円。

ノブさんは「茨城にもこういった仕事があったら、東京に来ることはなかった」と言う。地方は本当に職がないのだ。

新橋に戻ったノブさんは定食屋に入ってささやかな夕食。メニューはレバニラ炒めとチャーハンのセット。食事中コンビニの店頭から持ってきたフリーペーパーの求人誌を読んでいたが、めぼしいものはない。携帯電話ショップの販売員、居酒屋チェーンのホール係、ゲームセンターの店員などは30歳まで。弁当工場の作業員、宅配会社のドライバーでも45歳が上限。

定食屋を出てカプセルホテルに戻る道すがら、某ファーストフード店の裏口付近でゴミ袋をあさっているホームレスと出くわす。

「嫌だねえ、ああいう人は……あんなふうになるんだったら死んだ方がましだよ」とノブさんは顔をしかめた。

聞いた話ではホームレスが残飯あさりをして辺りを汚すため、店のなかにはポテトやハンバーガーに水をかけ、もう食べられなくしてから捨てるとか、回収車が来るまで外に出さないようにしているそうだ。

世の中すべての人がホームレスに対して同情的ではないということだ。

○月×日(日)　5日目

1週間の身体の汚れを落とす

前日と同様に8時に西新橋へ。今日の作業現場は日比谷のオフィスビル。午前中はテナントが退去して空室になった部屋の床面を清掃。午後はエレベーターホール、階段をきれいに磨き上げる。4時半に作業終了。日当を受け取ったノブさんは図書館へ。新聞各紙の求人広告を見るが、全国紙に掲載される求人は大卒、経験者、40歳までというのがほとんど。少ない現業職系は35歳までが年齢の上限。ノブさんに該当する条件のものは皆無だった。

新橋駅のコインロッカーから荷物を出したノブさんは地下鉄を乗り継いで三ノ輪へ。明治通りから少し入ったところにある簡易旅館へ入る。この辺りは昔からのドヤ街だったが、近年は様変わりしている。以前は一泊2000円前後の簡易旅館だったものが、ビジネスホテル風に改装され、料金も4000円から4500円に引き上げられた。安い料金で泊まれるベッドハウスは年々減少している。

ノブさんが泊まったのは昔からの簡易旅館。3畳の部屋に14インチのテレビがあるだけだ。これで料金は一泊2000円、前払いが条件。

6時頃まで休憩したノブさんは汚れ物が入った紙袋をぶら下げて近くの銭湯へ。入浴時間はたっぷり1時間。衣類はすべて着替え、持ってきた1週間分の汚れ物とともに隣のコインランドリーで洗濯する。洗濯して乾燥機にかけている間に近くのコンビニへ行き500mlの発泡酒1本とイカ下足揚げを買う。コインランドリーに戻って洗濯物が乾くまでしばしの晩酌、酒を飲むのは週に1回と決めている。洗濯は週に1回だけだが下着、靴下は毎日取り替え、上に着るものもなるべく清潔を保つようにするのがノブさんの信条。

「汚い格好だと中身まで汚れていくような気がするんだ。それに人に不快感を持たれるのは俺自身の気分が良くないからね。人間は見た目が一番だよ」

たとえホームレスでも惨めったらしい姿だけはさらすまい。ノブさんにだって見栄もあればプライドもあるのだ。乾いた洗濯物はきれいにたたみビニール袋へ。

夕食は近くのスーパーで買った特売のにぎり寿司、10貫で590円。ほかに夜食用のカップラーメン78円、朝食用に4個98円のドーナツも買っておく。

旅館に帰ってたったひとりでの夕食。話し相手はテレビ画面の向こうの人だけ。こんな生活がもう2年近くにもなる。

○月×日（月）　6日目

丸の内オフィスビル街に出没

朝8時に旅館を出て徒歩で日暮里へ、拾った新聞数紙を読みながら山手線を2周して時間をつぶす。

11時、いったん品川で下車。床屋さんに入る。床屋といってもカットのみ1000円の安い店。散髪するのは4ヵ月ぶり。散髪の後コンビニに入っておにぎり1個、2個パックのコロッケを買う。昼飯はこれと水だけだ。

1時から4時まで山手線、中央線の各駅で雑誌拾い。月曜日は「週刊現代」、「週刊ポスト」、「アエラ」、「ビッグコミックスピリッツ」などの発売日。昼すぎにはそれらが駅のゴミ箱に捨てられるのだ。この日の収穫は約80冊、中野の古本屋で売りさばいて3900円の収入。

立ち飲みのコーヒー店で30分ほど休憩し、地下鉄で大手町へ。駅を降りて入ったのは大型のオフィスビル。ノブさんの説明では、大手町や丸の内にある大型ビルはお宝の宝庫なのだという。

さっそく地下のゴミ集積所へ入ってみると、不燃ゴミを置く場所に大量の廃棄物があった。まず、応接室に置くような灰皿セットを発見。木製の台座と大理石で作られたタバコ入れ、灰皿、ライターがビニール袋に入れて置かれてある。ライターをつけてみたがちゃんと発火し、炎の大きさも調整できた。

無造作に積まれているダンボールをひとつ開けてみると、ノート型パソコンとソフトのセットが入っていた。廊下のコンセントで電源を入れてみると、ちゃんと起動する。ほかに紙袋に入った置き時計も頂戴《ちょうだい》する。

次に入った丸の内のビルのゴミ捨て場では、デスクスタンド2脚、未開封の10本パックのビデオテープ、コーヒーメーカー、ケースに入った日本人形を頂いた。

ノブさんがこれまでに見つけた一番のお宝は、伊万里焼の絵皿。日本橋のビルで発見し、試しに骨董屋に持ち込んだら、古伊万里の上物だということで15万円で買い取ってくれたという。

拾い集めた品物は、神田のリサイクルショップで換金。灰皿セットは800円、置き時計1200円、デスクスタンド2脚で500円、ビデオテープの10本パックは400円の値が付いた。日本人形は300円にしかならず、コーヒーメーカーは買い取り不可。

ノート型パソコンは、神保町の専門店に持ち込む。状態が良いもので1万4000円で商談成立。雑誌拾いと合わせて、本日の収入は2万1100円也。

夜8時、3日ぶりにホームグラウンドの蒲田に帰る。荷物はいつものコインロッカーに預け、アーケード街にある食堂で食事。メニューはカレーライスとマカロニサラダ。

100円ショップで携帯ラジオの電池を交換。ノブさんは夜中にNHKの「ラジオ深夜便」を聴くのが楽しみのひとつだという。

10時、大田区役所近くのカプセルホテルにチェックイン。幅1・3m、高さ1m、奥行き2mのわずかな空間が今日の家。

〇月×日(火) 最終日

今後の目標、そして……

朝一番に郵便局へ。土日働いて得た賃金と昨日の廃品回収で稼いだお金のうち1万5000円を貯金する。郵便貯金の口座は、茨城にいたときにつくったもので現在も生きている。当然キャッシュカードも使用可能だ。

現在の貯金額は約20万円。ホームレスになりたての頃は雑誌拾いとアルミ缶回収しか思いつかず、1日3000円稼ぐのが精いっぱいで、食事をしてマンガ喫茶やサウナで夜明かししたら1円も残らなかったという。

廃品回収の知恵をつけ、土日パートの仕事を見つけた現在は、多いときで月17万円ぐらい稼げるときもあるそうだ。日々の生活費はできるだけ切り詰め、1円でも多く貯金に回すようにしているという。

けれどもビル掃除の仕事がない週もあるし、廃品回収も不調の日があり、所持金が乏しくなると貯金を引き出してしまうため、なかなか貯まらないという。

ノブさんの目標はアパートを借りられるだけのお金をつくること。

「ホームレスで生きていたって何の希望もないでしょう? とにかく住所だけでも欲しいんだよ。まともな職について普通の生活をしていくには住所が必要なんだ。住所不定の人間なんて社会的信用はゼロだからね」

アパートを借りるとなると敷金や保証金、前払い家賃などで20万円では追いつかない。職探しや、つなぎの生活費まで含めると50万円は必要だ。

「とにかく金を稼がなければ。いつまでもこんな生活していられないよ」とノブさんは言う。

行政が行っている自立支援システムについてノブさんはまったく知識がない。というより、それなりの調査をしなければ分からないシステムを、どうしてホームレスの人が知り得るだろうか。

11時まで図書館で時間をつぶす。この図書館にはショッピングバッグや大きなボストンバッグを抱えたホームレスらしき人たちが数人存在。いずれも50絡みの中高年者。

図書館の入り口には「悪臭を放つ者、酒気を帯びている者の入館はお断りします」の貼り紙が。閲覧室などで眠ることも禁じられている。

正午すぎに近くのスーパーでコロッケパンと焼きそばパン（2個で210円）を買い、公園で昼食。

1時から雑誌拾いに出るが、この日は不調。降りた駅のゴミ箱はことごとく清掃作業員に回収された後で収穫なし。品川、新橋、東京、秋葉原、上野で多くの同業者とすれ違う。中高年者がほとんどだが、30代ぐらいの若い人も数人いた。

田端で桜木町行きの電車に乗り換える。ノブさん、拾ったスポーツ新聞の求人欄を見ていたが「これ、どうだろうねえ?」とひとつの求人広告を見つける。

麻雀店の店員募集で「急募、50歳位迄。個室寮完備食付、35万上」とある。場所は横浜市内。

しばらく考えていたノブさんは有楽町で下車し公衆電話へ。受話器を置いたノブさん「明日来いってさ」と笑顔。

蒲田に戻り、駅ビルの洗面所でヒゲを剃《そ》ったノブさんは４枚７００円のインスタント写真を撮影。喫茶店に入って１００円ショップで買った履歴書を書いていく、なかなかの達筆。面接は明日の10時ということだった。

完

④アルミ缶集め

飲料メーカーが再生利用を積極的に推し進めているアルミ缶もお金になる。相場は1キロ80円前後。自転車でひと晩中拾い集めて回る人もいる。アルミ缶は集めた後につぶすが、これも重労働。ほかにアルミ製品ならば、何でも換金が可能とのこと。

⑤古紙回収

ダンボールは1キロ3円、新聞紙は1キロ4円ぐらいで古紙回収業者に引き取ってもらう。ホームレスが引く巨大なリヤカーは業者が貸し出している。最近では再生可能なコピー用紙、プリンター用紙が高く売れるということだった。

⑥非合法ビジネスの使い走り

代表的なのは歌舞伎町、池袋周辺にある裏ビデオ店の店員。月30万円でアパートもあてがってくれるが、後ろには暴力団が介在、警察に摘発されることも。その他ではダフ屋の下請け、競売不動産の不法占拠などにもホームレスが動員されている。

ホームレスの主な収入源

生きていくためには働かなければならない。実際、ホームレスの仕事はさまざまである。彼らはどのようにして収入を得ているのだろうか。

①日雇い仕事

ホームレスの収入源でもっとも多いのが、土木関係の日雇い仕事。1日のみの契約の肉体労働である。電気、塗装、左官などの経験や技能のある場合は建設現場で重宝される。日当は1万2000円ぐらいが相場。それ以外だと解体現場での作業が主流。ビルやマンションなどの解体で廃材の後片付けをして1日9000円ぐらいの収入になるそうだ。またテレホンクラブ、個室ビデオ店、サラリーマン金融のティッシュ配りやサンドイッチマンをする人もいる。日当は7000円前後。高齢者が多い。

②雑誌拾い

駅のゴミ箱から捨てられた雑誌を拾い集めている人をよく目にするが、これも貴重な収入源。週刊誌や漫画誌を発売日に拾った場合、古書店は1冊30円で買い取り、100円で売るということだった。人気のあるのは「週刊新潮」「週刊文春」「週刊現代」「週刊ポスト」や女性誌、青年コミック誌など。1日5000円稼ぐ人もいるという。露店で本を売る人もいるが、最近は規制が厳しく販売側は逮捕される可能性があるため、数は減少しているそうだ。

③廃家電回収

テレビやビデオデッキなどはリサイクルショップや専門の回収業者に持っていくと買い取ってくれるということだった。テレビの場合だと、正常に受信できるものは1台500円から900円、壊れていても100円で引き取ってくれる。電子レンジ、ストーブ、石油ファンヒーターも状態のいい物はお金になる。一部は修理して開発途上国へ輸出されているということだった。

Case 3

社長失格

ビルオーナーの転落

▲▲▲▲▲ 山本浩司（49歳・元ビルオーナー兼飲食店経営者）

長身でがっちりとした体格。髪はぼさぼさで不精ヒゲが目立つが、元職人らしく受け答えははきはきしていて好感がもてる。すし職人として再起する意欲は十分ある様子。

現住所▼▼都内の図書館、公園を転々。

生活状況▼▼週に2、3日建設現場の日雇い仕事、月収8万円ほど。すし職人として働けるところを探しているが、不調。

写真同氏／山本さんは移動型のホームレス。昼間は図書館やデパートの屋上で時間をつぶし、夜間は都内各所の公園で寝泊まりしている。今日は代々木公園で一泊。

なまじ土地なんか持っていたものだから、銀行と建設会社にしゃぶり尽くされた。いい時なんてわずかしかなかった。借金のためにどれだけ辛酸をなめたか分からない。ちやほやされていい気になっていたけど何も残らなかった。代々の土地は取られるし、家庭もぐちゃぐちゃだ。

死んだ親父は墓の中で怒っていると思いますよ。

ビルオーナーの転落
山本浩司（49歳）の場合

～1990年2月
自社ビル建設
↓
1995年5月
経営不振
↓
1997年10月
返済不能
↓
2002年1月
差し押さえ・離婚
↓
2004年1月
再就職先解雇

「私の人生って何だったんだろうってね。借金を払うためだけの人生だった。」

元すし屋の二代目店主。高校卒業後、他店で板前修行をしていたが、父親が亡くなったため実家へ戻り店を継ぐ。平成2年に銀行の勧めで自宅兼店舗を5階建てのビルに建て替える。すし店経営の傍らテナント収入を得ていたが、景気低迷で商いは不調に。テナントも次々と撤去したため収益が上がらず、借入金の返済が困難になる。平成11年中頃から金利の支払いも困難になり、自慢のビルは差し押さえられ競売処分されてしまう。

昔は浜松町駅の近くにビルを持っていたんだよ。ちっちゃいビルなんだけどさ。私のところは祖父《じい》さんの代からの土地持ちでしてね。祖父さんは乾物問屋を、親父の代になってからはすし屋を営んでいました。私も高校を出ると、親父の知り合いが経営している店で修行し始めたんです。約12年間よその飯を食い、もう一人前だと言われるようになった頃に親父が病気になりましてね。それで実家に帰って店を継いだんです。親父は肝臓ガンで手術したけど駄目だった。商売の方はまぁまぁの儲けが出ていました。昼も夜も近隣の会社のサラリーマンやＯＬさんが利用してくれて、宴会も受けていたのでかなり忙しかったんだ。あのまま小さなすし屋の大将だったらなぁ……。

私の店を含めてあの辺りが騒がしくなってきたのは昭和62年の初め頃でした。すぐ近くの汐留貨物駅跡の再開発計画が発表されると、不動産屋やデベロッパーなんてのがしょっちゅう訪ねてきて「土地を売ってくれ」って言ってさ。

木造2階建ての店舗兼住まいをビルに建て替えたのは軽く言ったひと言があれよあれよという間に進んだからなんです。店の近くにＦ銀行があってね、取り引きもあったし、行員の人もたまに客に来てくれてたんです。若い行員がお昼ごはんで来たときに世間話をしていてさ、「ここをつぶしてビルでも建ててみるかな」なんてことを言っちゃったんですよ。もちろん、冗談に決まってるさ、そんなお金なんてないもの。

あのとき「あれは冗談のつもりなんだ」と言っときゃよかったんだけど、銀行屋ってのは本当に口がうまいんだよ。つい乗せられてしまいました。

翌日になったら、その行員が支店長代理っていう上役を連れてきたんです。

「ビル建設をお考えと聞きました。ぜひ当行にお手伝いさせてください」なんて手土産まで持ってきたよ。

その当時、自分のところの土地がいくらするのかなんてよく知らなかった。ただ毎年固定資産税が上がっていって、何でこんなに税金を払わなきゃならないんだと思っていました。銀行屋の話だと、約60坪ばかし持っていたので、売れば16億円ってことだった。その金額を聞いてもう舞い上がってしまいましたね。ビルを建てるのなら評価額の6掛けで融資してくれるということでした。銀行員も、ビルを建てさえすれば「系列の不動産会社を通じてテナントを連れてくる。絶対に損はさせませんよ」と言うんです。5階建てにすると有効面積240坪のビルが建てられる、1階ですし屋を続けたとしても、2階から5階まで賃貸にすれば相当の利益が出るっていうわけさ。

その頃の浜松町界隈のビル賃貸料は坪2万円ぐらいだったんです。「4フロア全部埋まれば月に380万円、年間なら4500万円の家賃収入になります」と言われました。もう建てなきゃ損だと思ったね。2ヵ月後には契約書に判子をついていました。

建築費は基礎工事やら鉄骨組みやら込みで6億円ぐらいでしたかね。それまでは1階が店、2階が住まいだったけど、ビルにすると自分たちの住むところも確保しないといけないので、目黒のマンションを買いました。2億8000万円かかりましたが、それもすべて銀行から融資してもらいました。その他も含めて銀行から借りたのは全部で9億円です。金利は低かったし、周りの知り合いも別荘を買ったとか家を建て替えたなんて自慢話していた。自分も甲斐性のあるところを見せたかったんだ。

今考えると眩暈《めまい》しちゃいそうな金額だけど、当時は借金をしなくちゃ損だと思っていたよ。感覚が麻痺していたんだな。

ビルが建ったのは平成2年の10月でした。私は1階ですし屋を再開したし、2階から5階までも2ヵ月でテナントが入ってきました。美容院、コンピューターのソフトウェアを作っている会社、お菓子を輸入している貿易会社、税理士さんの事務所が入ってくれたんです。ワンフロアの賃貸面積は35坪で坪当たり2万円の賃料だったから70万円、4階分で280万円が1ヵ月の家賃収入だった。元利合計で毎月220万円返済することにしたけどすし屋の営業収入もあったのでまったく苦にならなかった。

実は膨大な借金を抱えているのに生活が派手になってしまいましてね。自宅の目黒から浜松町に通うのだって、山手線を使えば安上がりで時間もかからなかったのに、通勤用にBMWの車を買ってさ。

商いもいつしか殿様商売になっていました。店が古かったときは出前をやっていたけど、新築してからは出前お断りにしちまってさ。昼時のランチだけは低価格でやっていたけど、夜は8000円と1万円のコースメニューしか作らなくなってしまいました。それでも景気が良かったから客足が落ちることはなかったんだ。

ところが1年ちょっとで不景気になって様子が一変してしまいました。美容院が出ていき、夏には貿易会社が倒産、後のテナントが入ってくるまで1年近くもかかった。家賃収入が極端に減ったので、借入金の返済が途端に苦しくなってね。銀行と話し合って月々の返済額を200万円に減額してもらいましたが、返済期間が7年延びることになったんです。それでも世の中がどんどん不景気になっていったので、テナントの出入りが激しかった。全室埋まっているということはありませんでした。

平成7年頃になるとテナントの補充ができなくなってきました。仲介業者に頼んだけどビルの賃貸料が下がってきているのでもっと安いところへ行くか、同じ賃料でも一等地にあるビルへ行くかで難しいと言われました。大きなオフィスビルなら設備はいいいし警備員も常駐、清掃サービス会社も入っていますから、うちみたいなところでは相手になりません。賃料を3割下げても空室を埋められなかった。こんな状態ですから銀行に泣きついて、再度1ヵ月の返済額を120万円に減らしてもらいました。

それでも借金を返すのがきつく、利息を払うだけで精いっぱいということが何度もありました。

本業のすし屋も左前になってきましてね。コンビニ弁当なら500円、牛丼なら280円でしょ。昼飯に1000円以上出す人はいないよ。夜だって値段を下げてみたけど客の数なんて昔の半分もなかった。おまけにお袋さんがくも膜下出血で死んじゃってさ、いいことなんて何もなかった……。

いよいよ駄目になったのは平成9年の秋でした。3階に入っていたパソコン教室が出ていってしまい、2階から5階まで全部空室になってしまったんです。契約していたときに預かっていた保証金を返したらもうスッカラカンでした。すし屋の売り上げは生活費で消え、銀行へは利息分だけ入れるのがやっとという状態。そのうち利息も払えなくなり、平成12年の年初に銀行からビルと目黒のマンションを差し押さえられました。その時点で借金の残りはまだ7億円以上。ビルもマンションも競売で処分されましたが、不動産価格が下落したので驚くほど安くでしか買い手が付かなかったんです。建てたときはバブルの最盛期でしたからね。土地と建物で22億円の評価があったビルは6億2000万円、目黒のマンションは二戸で1億円にしかならなかった。

10年近くも何をやっていたのかと虚しくてなりませんでした。銀行員におだてられ、いい気になったのがいけなかった。ビルなんて建てなきゃよかったよ、借金を払うためにどれだけ苦労したか、馬鹿みたいだよ。

どうにか借金は清算し、わずかだけど余剰金が残ったのでアパートを借りて引っ越しました。女房はお金の苦労ばかりで嫌になっちゃったんだろうね。差し押さえの通知書が来たときにケンカして出ていったよ、離婚は成立しています。男の子が2人いたけど女房が連れていきました。今、どこで暮らしているのかも知りません。

私は持ち帰りすし屋のチェーン店で雇われ店長をしていましたが、閉店にともないクビになりました。新聞の求人広告を見て回転ずしの面接を受けたりしても駄目でした。もう50近いし、自分の店を持っていたなんていうのは使いにくいからね。しょうがないよ。6月からアパートの家賃を滞納してしまい、家主から簡易裁判を起こされましてね。払えと言われてもそんなお金なんてありませんから、手に持てる荷物だけ持って夜逃げしてきたんです。今は公園や地下道がねぐらです、情けない……。

今でもたまに浜松町に行くことがあるんだ、自分が生まれ育ったところなので懐かしいんですよ。だけど、すっかり様子が変わってしまったね、自分が建てたビルは取り壊されてマンションになっていた。

昔の友人も知ってる人もどんどんいなくなっている、寂しいね。

財産を失ったのも家庭が崩壊してしまったのも、自分の責任。誰を恨んでも時間が戻るわけではないが、やり直すためのきっかけさえつかめない、それが悔しい。しょぼくれた後ろ姿からそんな無念さが伝わってくる。

脱サラ・起業したけれど

▲▲▲▲白井 晃

（53歳・元大手デパート外商部副部長／ブティック経営者）

オレンジ色のシャツにベージュのジャケット、ジーンズ、アポロキャップというスタイルは元ブティック経営者らしくオシャレなもの。ささいな夫婦ゲンカで家出したことを悔やんでいる様子。社会復帰の意思はあり、勤労意欲も旺盛。

現 住 所▼▼ＪＲ池袋駅近辺。

生活状況▼▼テレホンクラブ、性感エステ店のティッシュ配りと引っ越し会社の臨時作業員。寝泊まりは池袋界隈のカプセルホテルかサウナ。

新宿中央公園のダンボール小屋の前で。裏には自家発電機がありテレビも見られる。家族の写真は肌身離さず持っている。（イメージ写真）

商売を始めたときはこれで俺も一国一城の主だと思ったけどもろいものでした。

消費不況とデフレはひどいよ。不景気風が吹きまくっていたからね。見事に失敗した。すべての幸福は安定した経済的基盤の上に成り立っているということを痛感するね。まさかこんなことになるとは思いませんでしたよ。

脱サラ・起業したけれど
白井 晃（53歳）の場合

～1996年4月
大手デパート
外商部副部長

↓

1998年9月
早期退職

↓

1999年3月
独立・起業

↓

2003年12月
経営不振・
自主廃業

↓

2004年9月
家庭不和・
失踪

「妻の馬鹿にしたような態度を見て無性に悲しくなったよ。家には帰っていません。」

大学卒業後、大手デパートに入社。売り場に勤務した後、外商部に移動、優秀なデパートマンだったが、バブル崩壊後の消費不況と多角経営の失敗で会社の経営状態が悪化。平成10年に希望退職に応じ退社。デパート時代の人脈を生かし、横浜市内にブティックを開業する。しばらくの間は安定した経営だったが、平成13年頃から下降線に。借入金が膨らみ、閉店を余儀なくされた。

一昨年の暮れまでは横浜で小さなブティックをやっていました。経営が成り立たなくなり閉鎖してみたものの、次の仕事なんてありません。気がつきゃ簡易旅館で暮らすようになってしまった。早いとこ定職について元の生活に戻りたいんですがね……。

私は昭和51年に大学を卒業してデパートに入社しました、Sデパートです。都心の大型店の婦人服売場を振り出しに15年間で店舗3つ、売場5ヵ所に勤めた後、都内の旗艦店の外商部に移動しました。

バブルの真っただ中でしたから面白いように売れました、しかも高価格のものからね。高級和服、ブランド物の時計、宝石、美術品。1点100万円、200万円もするものだって羽が生えたように売れましたよ。法人営業も好調だった。お中元やお歳暮のシーズンは商社、銀行、保険会社、不動産会社などから1000個単位の注文が殺到しました。1回の注文で500万円、600万円の売り上げが普通のことなんですよ。それだけ景気が良かったんだな。

デパートの外商というと、カタログや商品情報を持って、こまめにお客さんを訪ねて営業するというのが当たり前なんですが、バブル景気の最中はデスクに座っていれば電話やファックスで注文が舞い込んできました。「3カラットぐらいのダイヤはないかしら」「レンブラントの絵が欲しい」「アルマーニのスーツを5、6着持ってきてくれ」なんて塩梅《あんばい》だったよ。一番すごかったのは新興の不動産会社の社長で、娘の結婚式の引き出物に10万円もする伊万里焼の絵皿を100セットも注文してきた。いかにも成金っていう感じの人だったけどいい客だったな。

Sデパートは一貫して店舗を拡大し、多角経営を推し進めてきたからポストも豊富にありました。外商部に移ったのは38歳のときだったけど、職位は課長でした。老舗のデパートではまだ係長の年齢ですよ。経営幹部は強気の営業方針を唱えていたので、この先、会社も自分もさらにグレードアップしていくものだと思っていました。

ところがバブルが弾けたら状況が一変した。積極的に出店した地方都市の店舗は軒並み営業不振です。大都市圏の店舗も売り上げが鈍り、出店のための借入金返済が経営の大きな重荷になってしまったんだ。社長は引責辞任して新社長が就任したけど銀行管理みたいなもので、猛烈なリストラに見舞われました。資産の売却、不採算店のスクラップ、人員削減の連続だった。特に人減らしは強烈だった。どの部門もスタッフが2割削られひとり当たりの仕事量が大きく増えました。だけど経費削減だから、いくら残業しても30時間でカット、あとはタダ働きです。人手が足りないから有給休暇も取れません。過労で倒れる人が何人もいました。

平成9年には職制と賃金体系も改定され、私も肩書は外商部の副部長に昇進しましたが、給与はヒラの営業マン並みにされました。資格手当や管理職手当がカットされ、月収が6万円もダウンしました。これだけでも大変なのに半年後にはまた賃金カットがあり、基本給が15%も下げられたんです。年収だと150万円以上のダウンです、これでは働く意欲が薄れます。そのうえ別会社になっている地方の店舗への移動を示唆されました。早い話、嫌がらせだよ。何でこんな扱いをされるのかと思いました。
早期退職者の募集があったのは平成10年の9月頃でした。こんな会社にいたってロクなことはないと思い、辞めることにしたんです。コケにされてまで会社にしがみつくなんて惨めでしょ。割増の退職金をもらって辞めた方が得だと思いました。辞めたことに対しては後悔していません。Sデパートは破綻しちゃったものね。最後まで残った人たちは大変だったでしょう。退職金だってほとんど出なかったらしいからね。それに比べたら、私は定年まで勤めたのと同じくらいの退職金をもらえたからね。早いとこ見切りをつけたのは間違っていなかったと思います。

Sデパートを退職した時点でもう再就職するつもりはありませんでした。辞めたとき46歳でしたからね。私だって馬鹿じゃないから不景気の真っただ中に50間近の男がいい条件で新しい職を得られるなんて思っていませんでした。ならば自分で事業を始めた方がいいと思ったんだ。

約25年間デパート勤めをしてきたのでメーカー、卸問屋、輸入業者とパイプを持っていたし、外商部時代にお付き合いしたお客さんのリストも持っていたから、それなりの目算がありました。約半年間の準備期間を経て、横浜で婦人服とアクセサリー類を扱うファッションブティックを開業したのは平成11年の3月でした。横浜市営地下鉄の桜木町駅近くのビルの1階を借りて、20坪の小さい店をオープンしました。

開店費用は契約金と内装工事で200万円かかったのですが、半分は雇用保険の給付金で賄ったんです。自営業を目指すと雇用保険は受給できないんだけど背に腹は代えられないでしょ。認定日に職安へ行って仕事を探すふりをして雇用保険を支給してもらっていたんです。生活費はスーパーのアルバイトで捻出していましたよ。

お店は大通りに面していたので人の流れが多く、自分で予想していたより客の入りは良かったんです。デパート時代のお客さんからも贔屓《ひいき》にしてもらえました。富裕層の人たちが多いものだから、値の張るホームドレス、スーツ、コートといった品をよく買ってくれました。こういうお客さんは友人、知人を紹介してくれることもあったので、ずいぶん助かりました。開店して2年間はすべてうまくいっていました。売り上げ、利益とも安定していたし、借入金のない無借金経営でしたからね。

売り上げが落ち始めたのは平成13年の冬頃からです。デフレの影響で、デパートやスーパーが一気に値下げしたのが響いたんです。利益率の高い毛皮やブランド物のバッグなどは5割引にしてやっと売れたという状態でした。セーター、スーツ、ダウンジャケットなんかは値引きしても半分以上売れ残った。これを境に下降線の一途です。来客数、ひとり当たりの購入金額、利益率、どれも落ち続けるばかりだった。

一番の打撃は仕入れルートが途絶えたことでした。付き合いのあったメーカーや卸問屋がバタバタ倒産したり廃業したりで、商品の仕入れが思うようにできなくなりました。金融機関は融資をしてくれないしね。

ほかのところと取り引きして穴を埋めたんだけど付き合いのないところだったから条件がきつかった。特に支払いがね。こっちの手形、小切手はいっさいお断りで現金決裁っていう条件だった。それでも仕入れたものがすべて売れれば問題なかったけど、不況の煽《あお》りで相当の品物が売れ残ってしまい、赤字続きでした。店の家賃を払うのも苦しくなってしまい、廃業することにしたんです。平成15年の年末に店を畳みました。

廃業後は職安通いをして勤め口を探しましたが、51歳ですからね。職安には求人ファイルさえありません。仕方ないからアルバイトやパート仕事を繰り返していました。持ち帰り弁当屋の店員、住宅展示場の清掃員、ファミリーレストランのホール係、不動産会社のチラシ配り。こんな仕事を2、3ヵ月で転々としていました。収入はひと月15、16万円ぐらいしかありませんでした。住宅ローンはなかったけど、妻にも働いてもらわなければ生活が立ち行かなかった。

家を出たのは去年の9月、お彼岸の頃だった。理由は夫婦ゲンカです。

晩ごはんのおかずがスーパーで買ってきたコロッケだったんだ。妻も働いているので食事はインスタントのものとか出来合いのものが多くてね。嫌みで言ったわけじゃないけど「同じ物ばかり食ってるな」なんて言ってしまったんです。そしたら妻に「文句があるなら自分で料理しなさいよ」って怒鳴られた。お皿を投げつけてきたよ。商売が下火になり始めた頃から妻は終始イライラしているようでした。お金のことで衝突したこともあったしね。私のくだらないひと言が癇《かん》に触ったのでしょう。元はといえば、こっちの責任ですからね。言葉もありませんよ。

翌日、アルバイトに行くときに声をかけたんだけどブスーッとして返事もしなかった。人を馬鹿にしたような態度を見て無性に悲しくなったよ。その日以来、家には帰っていません。もうすべてが嫌になった。疲れたんだ。

たまにテレビのワイドショーなんかで家出人捜索の公開放送をやるじゃない。

以前はああいう番組を見ても家出したり、蒸発したりする人の感覚は理解できなかったけど、今は何となく分かるような気がするよ。言葉ではうまく表現できないけどね。

ホームレスなんておよそ遠い存在だと思っていた。何でこんなことになってしまったのか？　何が悪かったのか？　……自問自答する日々。「何とかしなければ」という思いはまだ残っているようだが、何をどうしたらいいのか分からずもがいている。

アルカイダの馬鹿野郎

▲▲▲▲▲▲▲▲▲ 水野武彦（53歳・元旅行代理店経営者）

小太りで丸顔、銀縁のメガネという風貌は、いかにも中小企業の経営者という感じ。服装は茶色のジーンズ、ナイキのトレーナーに赤いフリースという若づくり。カプセルホテルやサウナを泊まり歩いている身だが、生活用品を詰めているボストンバッグはコーチ、腕時計はブルガリのもの。全体に落ち着きがなく、周囲への警戒心が強い。

現住所▼▼新宿歌舞伎町界隈。

生活状況▼▼風俗店のサンドイッチマンで日銭を稼ぐ生活。カプセルホテルや簡易旅館で寝泊まり。

写真同氏／蒲田駅前で個室ビデオ店の看板持ち。真冬に戸外で立ち続けていると身体の芯まで冷えるという。ポケットにはウイスキーの小瓶。

私の失敗は潮時を間違えたこと。あんなに頑張らなくてもよかったと思うね。早いとこ見切りをつけていたら、ここまで落ちることはなかった。経営者としては失格ということだ。元の社員たちには、社長が馬鹿でごめんなさい、としか言えません。

今は明日のことなんて考える余裕はない、今日を生きていくだけで精いっぱいですよ。

アルカイダの馬鹿野郎
水野武彦（53歳）の場合

〜1987年2月
旅行代理店経営
↓
2001年10月
業績不振
↓
2002年12月
高利の借金
↓
2003年11月
倒産・廃業
↓
2004年1月
失踪

「私もテロの被害者だよ。こっちにまでミサイルを打ち込まれたみたいだ。」

中堅私大を卒業し、電鉄系の旅行代理店に入社。約12年勤務したが退職し、自ら旅行代理店を設立する。中小企業の団体旅行や格安チケットの販売などで利益を上げていたが、9・11同時多発テロの影響でキャンセルが続出、その後も売り上げが低迷してしまう。資金繰りが悪化し商工ローンから借り入れて営業を続けたものの、返済不能に陥り廃業することに。

3年前の今頃はまだ社長の名刺を持ってこの辺りの会社へセールスに来ていましたよ。吹けば飛ぶような小さい会社ですが、旅行代理店を経営していました。銀座に事務所を置き、社員も4人使っていました。不景気続きで売り上げが落ちているところに、例の同時多発テロが発生したものだからキャンセルが続出。その後も一向に回復せず、平成15年の11月に事実上倒産です。

私は大学卒業後、ずっと旅行業界で生きてきました。昭和50年に都内の私大を卒業し、就職したのは大手電鉄系の旅行代理店です。企画部がスタートでその後、国内旅行、海外旅行の添乗員。営業部、チケット販売部など旅行会社の中核部署はひと通り経験しました。その間に一般旅行業務取扱主任なんていう資格も取ったのですが、昭和61年の末に会社を辞めました。

若い頃からいつかは自分で会社を起こしてみたいという思いがあったんです。一生宮仕えなんて嫌だった。上昇指向が強かったんです。

会社を辞める1年前から急激な円高になり、海外旅行ブームが起きました。退職金と貯金で300万円つくって株式会社を設立し、銀座の外れのボロビルに事務所を置いたのが昭和62年の4月です。35歳のときだった。準大手クラスの旅行代理店に13年勤めていたのでお得意さんのリストはあったし、国内外のホテルや航空会社に顔が利いたので、スタートから上々の滑り出しだったんだ。前の会社のコネで、企業の慰安旅行は50社がうちに鞍替《くらが》えしてくれました。海外旅行ブームもあったので、グアムやサイパンの格安パックツアーも企画すれば常に完売でした。

その頃はバブル全盛でしたから、新規開拓だって楽なものだった。特に不動産業者、とりわけ新興の不動産会社はすごかったよ。正月、ゴールデンウィーク、夏休み、年3回も社員20人、30人連れてハワイやオーストラリア、ヨーロッパへ海外旅行だものね。飛行機はビジネスクラスでホテルは三ツ星ランク。オプションでゴルフ、スキューバダイビングにクルーザー観光付きでひとり当たりの費用が100万円超えるんだ。人手が足りないから、社長の私が何十回と添乗員をやりました。私の飛行機代やホテル代はすべてお客さん持ちだよ。ずいぶんいい思いをさせてもらったよ。

銀行や証券会社の幹部クラスも優良顧客でした。大手企業には名の通った代理店が食い込んでいるんですが、あえてうちのようなところへやってくるんです。女と博打が絡んでいるからさ、女遊びならフィリピンかタイ。博打なら韓国やマカオが主だったけど、2ヵ月に1度の割合でラスベガスのカジノへ行くなんていう強者《つわもの》もいました。

バブル紳士といわれる人たちの全盛時代。1度にドバッとお金を落としてくれるから、彼らは〝おいしいお客〟でした。

こういう連中は金を湯水のように使うんだ。庶民が使うパックツアーなんて利用しません。飛行機はいつもビジネスクラスかファーストクラス。ホテルはひとり一部屋でした。韓国のパックツアーなら10万円ですむところを40、50万円使うんですよ。バブル紳士といわれる人たちとも付き合いができ、株の仕手筋からは値上がりする銘柄を教えてもらって小遣い稼ぎしたり、親しくなった不動産会社の社長には高級料亭や銀座のクラブで豪遊させてもらいました。

会社の利益も毎年増加し、私個人の生活も安定していました。会社を始めたときは賃貸マンション暮らしだったけど、平成2年には浦安に戸建てを買ってさ。ディズニーランドの近くだから子どもたちが喜んでね。

バブルが崩壊したといわれても海外旅行に行く人は減らなかったので、ツアーを企画すれば売れ残りを出すことはありませんでした。もちろん単価を下げたので利益率は下がったけど、そこは数でカバーして何とかなっていたんです。ところが平成11年に入った頃から急激に落ち込みました。社員の慰安旅行や研修旅行で毎年うちを使ってくれていた会社へ挨拶に行っても「今は社員旅行どころじゃないよ」と門前払いだった。ハワイ5日間9万8000円とか北海道3日間3万9800円なんていう格安パックでも売れ残りが出るようになりましたもの。一挙に前年比20パーセントも客数が激減し、数をこなしても利益が極端に薄くなりました。ダラダラ業績が落ちていっているところに、あのテロ事件が起きたものだからガタガタですよ。

あの年は9月の下旬から11月にかけて大きい仕事が入っていたんです。グアムへのウェディングパックが2件、イタリアへのハネムーンパックは完売していました。自動車ディーラーのアメリカ西海岸ツアーとマンション販売会社のニューヨークツアーも請け負っていて準備は万端だったんだ。

ところがテロが発生したものだから、ウェディングパックもハネムーンパックもキャンセルが続出。アメリカ本土でまたテロがあるかもしれないなんて噂が流れたので、自動車ディーラーとマンション販売会社には旅行自体を取りやめにされました。

そりゃハイジャックした飛行機でビルに突っ込む映像を見ちゃ、おっかなくて飛行機になんて乗りたくないものさ。だけどこっちはいい迷惑だ。

払い戻した総額は2000万円超えていた。戻ってきた航空チケットは格安料金にしてバラ売りしてさばいたけど、ホテルのキャンセル料などはうちがかぶったので、最終的な損害は500万円でした。テロの直後は飛行機に乗る人なんていなかった。付き合いのあるエアラインの営業マンに聞いた話だけど、ニューヨークやシカゴ行きのジャンボジェット機の乗客が100人もいなかったそうです。だから正規のルートから格安チケットが大量にあふれてきました。航空会社はどうやって儲けを出していたんだろうね。

うちもあちこちから頼まれて売れ残りのチケットを引き受けさせられたけど、まったく商売にならなかった。8万円で仕入れたチケットを8万円で売るんだから利益はゼロ。それどころか有効期限が切れそうなのものは仕入れ値を割って投げ売りしていたんだものね、赤字が膨らむばかりでした。うちみたいな弱小の旅行代理店は何をするのも現金取引が原則なんです。バスのチャーター代、旅館やホテルの代金は前金で一括払いするから、低料金で受け入れてくれるんだ。

ところが赤字続きで苦しいから運転資金がない、銀行は融資してくれないから商工金融で資金を調達する破目になってしまいました。これが致命的だったよ。家を担保にして2500万円借りたんだけど、儲けが少ないのだから返済するどころか利息さえ払えなくなっていった。未納の利息分を加えて何回か借用書を書き換えていたら4000万円まで膨れ上がってしまいました。金融屋に「おたくはもう無理ですよ」って言われ、抵当権を行使されて家は取られてしまいました。事務所の家賃も4ヵ月滞納していたから倒産・廃業するしかありませんでしたよ。

それからは辛酸をなめ続けてきたよ。元社員たちから「給料払え」「退職金を出せ」と吊るし上げられ訴訟を起こされ、ビルのオーナーからも滞納した賃貸料と現状回復工事の費用を払えと訴えられてます。社会保険料や税金も滞納していたので、社会保険事務所と税務署から未納金を払えと矢のような催促です。本当に針のムシロでした……。

こんな状態に追い詰められたので、妻とは離婚手続きをして迷惑がかからないようにしました。妻子には何の責任もないわけですからね。家を失ってからは兄のところに身を寄せていたんですが、そこにも元社員や債権者が押しかけてきて「金払え」と責め立てられました。もう姿をくらますしかなかったんだよ。兄のところを出てからは上野、飯田橋、池袋を転々とし、先月から新宿に来ました。まさか50すぎて土木作業員みたいなことはできないから、裏風俗の日雇いです。ここらへんは怪しげな商売が多いからね。個室マッサージだとか性感エステなんてところのサンドイッチマンをやって日銭を稼いでいます。1日6000円の日当で週4日やらせてもらえるから、サウナやカプセルホテルに泊まれるし食事もちゃんととれています。

そりゃ、私だってちゃんとした生活に戻りたいと思いますよ。

三畳一間のボロアパートでもいいから住むところが欲しいし、まともな職につきたいと思います。だけど、もう50すぎのじじいだ。おまけに裁判で訴えられている身だよ。今のところは公園や地下道で野宿し、残飯あさりするようなことはないけど、この先どうなるかは分からないよね。

もしそうなったら？　たぶん自殺するんじゃないのかな……。

突然の不運に見舞われた後は坂道を転がるような人生。まるで貧乏神に取りつかれているようだ。

強制撤去させる行政の事情

最近は、『公園の適正化』『新規工事』という名目で、ホームレスが住める公園は減少している。新宿中央公園、上野公園に住むホームレス数も少なくなってきている。こうした背景には、国が行うホームレス自立支援法に基づく活動支援などで、ホームレスたちに安くアパートを提供したり、保護センターに入居をさせたりという対策が挙げられる。

しかし、アパートは期限付きで仕事の斡旋も安定しない、施設での厳しい規則や集団生活になじめないといった状況に耐えきれず、再びホームレスに戻る者もいる。昔住んでいた公園に戻っても、すでにロープは張られ、新たにテントを立てられない。そんな行政の対応に不満をもらすホームレスは多い。

現在でも、ホームレスの不法占拠、行政のテント強制撤去のイタチごっこは続く。ホームレスたちは、ずっと同じ場所に暮らせないことは分かっている。だが、彼らは強制撤去に遭い住む場所を失ったら、行き着く場所は商店街のアーケードくらいしかないのだ。

ホームレスの借金問題を支援

ホワイトカラー出身のホームレスのなかには、多額の借金を抱え夜逃げ同然でホームレスになった者も多い。自己破産手続きを知らないままに、数百万円の借金のため長く路上で過ごすホームレスも少なくない。

こうしたなか、借金問題で路上生活から脱け出せない人々を支援する団体も現れ始めた。路上相談会を開き、債務処理などの助言、業者との交渉を行ってくれる弁護士団体もある。これらの団体は、経済的に苦しい人に弁護士や司法書士を紹介し、債務整理などの費用を安くしたり、立て替えなどもする。

サラ金問題で自己破産する場合、弁護士費用は約40、50万円ほどかかるが、団体の助けを借りて法律扶助制度を使えば、費用を分割で払ったり半額免除にすることができる。無料になる場合もあるという。だがこういったことが、意外とホームレスたちの間に知られていないのが現状である。

ホームレスの気になる諸事情

ホームレスの食生活

彼らのなかには意外と豊かな食生活を送っている者もいる。そんなホームレスたちの食事事情を追ってみた。

①自炊

自分のテントや小屋を持っているホームレスたちは、たいてい自炊に必要な食器やコンロなどを持っている。食材はスーパーで買うこともあるが、ボランティア団体から支給されたり、商店街などで廃棄されたものを拾ってきたりして食べている。また、乾麺などの保存食は彼らの必需品である。

②廃棄弁当

賞味期限切れで捨てられた弁当を拾って食べる者もいる。以前は、ファーストフード店、コンビニでは売れ残りや賞味期限の切れたものを廃棄するため、深夜に繁華街を回ればかなりな食料が調達できたという。しかし最近では店側のゴミ管理が厳しくなり、あまり手に入らなくなってきているとのこと。公園などのゴミ箱から拾ったものを食べている者も多い。

③炊き出し

ボランティア団体や宗教団体、行政などが行っている。炊き出しには、菓子パンやおにぎりなどを配る団体、公園で火を使って豚汁や雑炊などを作る団体などさまざまだ。人気の炊き出しには、公園がホームレスたちで埋まるほど人が集まる。なかには自転車で配給場所をハシゴする者も。また散髪サービスを行っている団体もある。

④外食

日雇いの収入などである程度のお金が入る場合、外食をするホームレスもいる。ただ普通は、酒とタバコにお金を回す人が多い。

Case 4
明日なき若者たち

多重債務の逃亡者

石田 靖（31歳・元大手金属メーカー勤務）

中肉中背の体格、服装もごく普通。話していると年相応の真面目な青年という感じだが、言葉に覇気がなく気が弱そうという印象。債務の法的整理を急務としているものの、その費用が工面できずに逃げ回っている。10年逃げきって借金の時効が成立するのを待つつもりか。

現住所▼▼上野、御徒町《おかちまち》近辺。

生活状況▼▼上野のボッタクリバーのボーイ兼雑用係。住まいは山谷《さんや》の簡易旅館。

多摩川・大師橋下のねぐら。雨避けのできる高架下は貴重な場所。ときには場所取りでケンカが起きるという。生活に必要なものはすべて拾い集めたもの。（イメージ写真）

借金というのは癖になるものだと痛感しました。

サラ金は抵抗感があったけど、無人契約機なんてのがあるから、1度でも借りてしまうと躊躇《ちゅうちょ》しなくなっちゃう、怖いよ。それに借金というのは100万円ぐらいまではビクビクしているけど、金額が膨れていくとわけが分からなくなるんだ。理性が壊れますよ。

多重債務の逃亡者
石田 靖(31歳)の場合

〜1997年4月
大手金属
メーカー
営業部員

↓

1999年7月
カードローン

↓

2001年1月
サラ金地獄

↓

2003年2月
経済的破綻

↓

2003年4月
退職・失踪

「今は自分の負債がいくらなのかも分からないよ。姿をくらますしかなかったんだ。」

大学卒業後、非鉄金属のメーカーに入社、営業を担当する。会社の独身寮に入っていたが、都心のマンションを借りるために銀行系のカードローンでキャッシング。これがきっかけで借金まみれに転落。約3年の間に元金だけで500万円近い借金をつくり完全に破綻。法的整理も考えたが、費用が工面できず、会社を辞めて姿を消した。

僕がこういう状態になったのは借金が原因です。これぐらいの金額なら大丈夫だと軽い気持ちでキャッシングしたんですが、借金だから利息が付くものね。自分の予定どおりの返済ができたのは1年足らずで、後はもう借金を返すために別のところから借金するなんていうありさまでした。

借金の原因ですか？　まあ、いろいろです。生活費の補填とか仕事上の付き合いとか。ローンで車を買ったりもしちゃったけど。

ローンなんて誰でも抱えていると思っていたし、70、80万円のローンなんかいつでも返せると思っていました。自分では大したことじゃないと思っていたんですが、やっぱりルーズだった。今になって後悔してます。

僕は大学を卒業して非鉄金属のメーカーに就職し、営業を担当していました。住宅設備会社や自動車関連の会社を受け持っていました。職務成績は中の中でしたね、暮れの賞与のとき査定通知が同封されているんですが、入社してずっとB評価でした。給料はいい方ではありませんでした。上場企業だったけど、素材メーカーっていうのは安いんだ。金融や損保に比べたらガクンと落ちます。銀行なんて30代後半で年収1000万円超えるらしいけど、僕のいた会社じゃ50代の部長でもそんなにもらっていないよ。

初めてローンを組んだのはサラリーマンになって3年目の夏でした。車を買ったときのオートローンです。これは頭金を多く入れたので月々の返済は1万2000円ですみましたから、さほど負担にならなかった。この程度にしておけばねえ……。
借金づけになるきっかけは引っ越しでした。就職してからずっと会社の独身寮にいたんですが四六時中、会社の人と顔を合わせているのが嫌になり、部屋を借りることにしたんです。独身寮は練馬だったんですが、せっかく部屋を借りるのだからいい場所に、と思い、家賃は9万円もしたけど広尾にワンルームのマンションを借りちゃったんだよ。貯金があまりなかったので、S銀行のフリーローンを組んだんです。限度上限の150万円借りてしまいました。

僕は少々、見栄っ張りのところがあるんです。女の子と合コンとかして、どこに住んでいるのって訊かれたらオシャレなところで暮らしていると思われたくてさ。金町だとか北千住じゃカッコ悪いと思い無理しちゃったんです。

当時の給料は手取りで20万円ぐらいでした。マンションの家賃が9万円、ローンの返済が4万円だったから残るのは7万円。それで1ヵ月暮らしていました、はっきり言って苦しかったけど、自分の計画では2年で返せるつもりだったんです。

月々4万円の返済に加えてボーナス時に20万円ぐらいまとめて返済すれば金利が付いても2年で完済できるはずだった。ところが不景気で会社の業績が落ちたものだからボーナスの支給率が減らされて、すっかり返済計画が狂ってしまいました。安アパートに引っ越せばよかったのに、ダラダラしていたのも悪かったよ。

会社は経費削減ってことで残業代も15時間までしか認めてくれなくなりました。お得意さんとの交際費や接待費まで削ってきました。営業の仕事をしていると諸々の出費があるんですが、上司に申請しても判子をついてくれないんだ。仕方ないので信販会社のカードでキャッシングして費用を賄っていたんですが、借りては返すということを繰り返しているうちに金額が膨らんで返済が困難になっていきました。

家賃を払い、銀行のフリーローンと信販会社のカードローンの返済金を払ったら5万円ぐらいしか残らなかった。結局はサラ金通いです。生活費の補塡のため借金するようになってしまいました。

もうカッコつけてなんていられないから家賃の安い埼玉のアパートに移ったんですが、借金が減るわけじゃないものね。特にサラ金は1日でも入金が遅れると会社にまで電話で催促してくるんです。だから、その分だけでも早く返したかったので、別の流通会社のカードをつくり、それでまたキャッシングして返済に回したりしていました。

最初に借りた銀行のフリーローンがまだ70万円以上残っていて、信販会社のカードローンが60万円。流通会社のローンも50万円まで借りちゃったので合計すると180万円を超える借金をつくってしまいました。

もう返すのが大変だった、利息込みの返済額が月14万円超えていましたからね。前に比べたら安くなったけど、アパートの家賃が5万円だったから給料が出ても2、3日で20万円も消えていくんです。とても生活していけないので会社に内緒でアルバイトしていたけど、無理がたたり倒れちゃったよ。過労で1週間入院する破目になりました。

その後はサラ金地獄へ一直線だった。借金を返すために別のところから借金する。利息を払うためにまた別のサラ金で借りるという悪循環でした。1年半ぐらいの間で新たに300万円以上の借金を背負っていました。もう、どこでいくら借りたのかも分からなくなっていました。最後にはどこからも借りることができず、夕刊紙の三行広告を見て闇金みたいなところにも行きましたよ。だけど「あんたには返せっこないから帰りな」と追い返されました。利息を入れるのが1日でも遅れると督促がすごいんです。会社に電話があるなんて当たり前だし、アパートに帰れば郵便受けに不在通知だとか警告書なんかが入っているんだ。夜中でも「金返せ」と押しかけてくるからね。

もう本当に追い詰められていました、本気で強盗しようと思いましたよ。カッターナイフを忍ばせて信用金庫の前をウロウロしたもの。

だけど体格のいい警備員が2人も見張っててさ。僕は体力がないし、走るのも遅いからすぐに捕まると思って諦めたけど、もし運動神経に自信があって本当に強盗していたら、今頃、刑務所に入っていたかもしれません。

返済の督促は僕のところだけじゃなく静岡の実家まで行ったそうです。代わりにお前らが払えと両親や弟のところに催促状を送りつけたらしいんだ。心配して電話がかかってきたけど、本当のことは言えなかったよ。

そのうちサラ金業者のひとつが僕の給料を差し押さえ、別のサラ金は仕事中に取り立てに来るようになりました。サラ金トラブルだから上司や同僚からはだらしのない人間という目で見られる始末です。アパートの家賃も3ヵ月滞納し、家主から支払いと立ち退《の》き請求の訴えを起こされました。もう完全にパンクでした。とても返せる金額じゃないし、田舎の親だって出せる額じゃありませんから、法的整理をしようと思い、弁護士事務所へ駆け込んでみました。自己破産を申請して認められれば免責を申し立てて清算できると思っていたんです。ところが50万円用意してくださいと言われてしまいました。

弁護士だって費用を払わなければ依頼を受けてくれるわけないものね。

僕にとって50万円は大金です、工面する算段はありませんでした。もう力が抜けてしまいました。翌日、退職願を出し2週間後に会社を辞めました。約8年勤めた退職金は70万円でしたね。そのお金を持ってアパートを夜逃げしたのは一昨年の4月中頃でした。

しばらくの間は友人のところを転々としていたんですが、上野のボッタクリバーの仕事を見つけましてね。客引きとかボーイみたいなことをやっています。一応、履歴書は持っていったけど、名前も年齢もデタラメなものです。身元調査されないで働けるところへっていったら、日雇い仕事か危ないところだけだものね。何とか収入は得ているけど、住まいはありません。アパートを借りたくても身分を証明するものがないし、保証人になってくれる人もいないからね。それに、住民票を動かしたらたちまち取り立てが追っかけてくるからちゃんとできないんだ。簡易旅館で寝泊まりするしかありません。

そりゃ人生をやり直したいとは思います。だけど2年近くも逃げていたから借金がどこまで膨れているか分からない。下手すると1000万円ぐらいになっているかもしれないよ。何としてもお金をつくり、弁護士さんに法的整理を頼みたいんです。

借金をきれいにしない限り身動きできないもの。

キャッシング、クレジットと言い換えても、所詮は借金。借りたものは利息を付けて返さなくてはならない。そんな単純なことが分かっていなかったのか？　それにしてもお金がなくて困っているのに自己破産・免責の申請に30万円から50万円の費用が必要というのは矛盾していないだろうか？

大田区・洗足公園にあった看板。周辺住民や行政にとってホームレスは迷惑な存在であるということ。（イメージ写真）

学歴・資格・特技なし

▲▲▲▲▲▲▲ 米山哲郎（31歳・元電機部品加工会社勤務）

180cm近い長身、長髪に丸メガネという風貌は芸術家タイプ。流行りのブランド物で固めている。まだ若いのだから職業訓練でも受けたらと思うのだが、本人は「面倒くさい」「どうせ俺なんて駄目だよ」とヤル気なし。金に対する執着が強く、すっかり風俗稼業になじんでしまっている。

現住所▼▼池袋の歓楽街。

生活状況▼▼住まいは店が借り上げた板橋区内のアパート、賃料月4万円。月収約50万円、貯金600万円というリッチな生活。

前の会社をリストラされたあと20社以上に履歴書を送ったけど、半分は1週間で送り返してきた。面接しても5分ぐらいで「はい、けっこうです」って追い返されたりだ。

風俗業がどうこう言うのなら俺に仕事を世話してくれ。

学歴・資格・特技なし
米山哲郎（31歳）の場合

～1993年4月
電機部品加工会社工場勤務
↓
2003年1月
整理解雇
↓
2003年9月
派遣労働
↓
2003年11月
就職難
↓
2003年12月
風俗業へ

「やる気はあっても学歴や職歴ではねられてまともな相手をしてもらったことがありません。」

平成5年に工業高校を卒業し、大手電機メーカー傘下の部品加工会社に就職。約10年間勤務した後、合理化のため指名解雇される。半年間地元で再就職先を探したがかなわず上京。派遣会社に登録し印刷会社で働くようになったが労働条件が悪く退社。その後も東京で働き口を探すも不調で、平成15年秋口から風俗関係のアルバイトをするようになった。

派遣で働いていた印刷会社を辞めたのが一昨年の9月頃だから、もう1年半以上もまともな仕事をしていません。今は裏風俗の使い走りでそこそこ稼いでいるけど、この先ちゃんとした仕事につけるかどうか分からないよ。今は有名大学を卒業して大手企業にいた人でも再就職するのは大変みたいでしょ。自慢じゃないけど俺なんて田舎の四流高校しか出てなくて、資格も特技もないんだもの。

出身は茨城です。工業高校を卒業してからH社の下請けで電機製品の部品加工会社に就職したんです。入社してからはずっとプラスチック成形機のオペレーターをしていました。家電製品、パソコンの周辺機器、携帯電話の部品などを造っていました。

平成12年の夏頃までは忙しかったんですよ。毎月30時間以上の残業があって収入的にもまあまあでした。だけどその後は一気に落ち込みましたね、従業員70人ぐらいの小さな会社だからいろんな話が筒抜けなんです。親会社からもっと安く造れと言われたらしいとか、受注生産のはずなのにその値段では引き取れないと言われたとか。いろんな噂話を聞きました。特許を持っているような技術力のある会社じゃなかったから、親会社や元請けの言いなりになるしかなかったんでしょうね。

解雇通告があったのは一昨年の1月です。その半年前ぐらいから倉庫に在庫品がたまり始めてたので自分でも嫌な予感がしていたんだよ。経理課長と工場の先輩が3人辞めてたからさ。正月休みが明けて出勤したら社長に呼ばれてね。親会社から従業員数を削ってコストを下げろと言われた、申し訳ないが月末で退職してくれ、と頭を下げられたんだ。解雇されたのは俺とあと2人の3人でした。

どうして俺が整理対象なのか訊いたら、君は独身で扶養家族がいないからだということだった。奥さんや子どものいる人は賃金カットして残すようにするけど、身軽な人は辞めてもらうって言われてね。だから俺以外の2人も独身者でしたよ。ひとりは、実家が中華料理屋をやっているので辞めても困らないだろう、と言われたそうです。もうひとりは、危険物取扱者の資格を持っているから転職できるだろうって言われたらしいよ。労働組合なんてないから解雇です、と言われたらどうしようもないでしょ。周りの連中も口では「大変だね」とか「ひどい話だ」なんて言っていたけど、自分がクビ切りされなくてホッとしている様子が見え見えだった。誰も我が身が大事で人のことなんて知ったこっちゃないんだ。冷たいものだよ。

退職金は120万円でした。9年9ヵ月勤めて120万円っていうのが高いのか安いのか分かりません。大手の会社とは基になる基本給や退職金規定が違いすぎるからね。もらえないよりましだってことでしょう。辞めたときはまだ29歳だったから、高望みをしなければ次の働き口は見つかると思っていました。スーツを着てやる仕事なんてできっこないから前と同じ工場の仕事を探したんですが、作業職の募集はまったくないんだよ。製図ができるとかコンピュータ制御の工作機械を動かすプログラムがつくれるっていう人はけっこう募集していたけどね。

別の職種を探そうとしたけど学歴と職歴で門前払いだった。茨城の中小企業でも事務とか営業は大卒って条件です。27歳以上だと経験も要求されるからね。

職安の指導員にパソコンぐらい使えないとなかなか再就職できませんよ、と言われたのでパソコンスクールへ通ってみたんです。だけど今まで触ったこともないだろう、講師の話を聞いてもよく理解できなかった。3ヵ月経ってもマニュアルを見ないと操作できなくて、もう嫌になって辞めちゃったよ。

親のところに帰ってからはコンビニでアルバイトしながら職安通いしてみたけど、うまくいかなかった。酒類問屋の商品管理とか生協の店舗スタッフの採用試験を受けたんですが、見事に落ちました。未経験も可ということだったけど、実際には経験のある人を優先するみたいでしたね。

東京に出てきたのは一昨年の9月です。新聞の求人広告で派遣会社の募集があったので履歴書を送ったら連絡があり、面接試験だけで採用になりました。印刷会社に派遣されてオフセット印刷機のオペレーターをやることになったんです。だけど事前の説明と条件が違っていたよ。月収25万円以上と言われたけど、実際は時給1200円で月20万円がやっとでした。住まいも個室の寮があると言っていたけど、プレハブ造りの簡易宿舎で相部屋だもの。3日で嫌になったよ。

俺は高卒だし、資格や特技がないので紹介してもらえるのは警備員、販売員、工場作業員だけだよ。

東京に来てからも仕事探しはしたんです。食品会社がルート配送を募集していたので面接したんですが、ペーパードライバーで都内の地理は詳しくないと正直に答えたら「そんなんじゃ話にならない」と断られたよ。職安にも通ったんですが、いい仕事、大きい会社は大卒、経験者が絶対条件になっているんです。

派遣会社は2ヵ月足らずで辞めました。あまりにも嘘が多いのでね。そのまま茨城に帰るつもりだったんだけど、たまたま見た夕刊紙の求人欄に送迎ドライバー募集って載っていたので試しに電話してみたんです。そしたらデリヘル嬢の送り迎えをする仕事で、時給1500円だっていうんだ。住まいも世話してくれるということでした。

茨城に帰ったところで仕事なんて見つかりそうにもなかったから、やらせてくださいって頼んだの。田舎に帰って時給800円のアルバイトしててもしょうがねえだろ。

風俗ってのはちょっと引っ掛かったけど贅沢《ぜいたく》言ってられないもの。稼がなきゃと思ってさ。

仕事自体は楽なものですよ、時間帯が昼3時から深夜2時頃までだけどね。2時半頃に事務所へ行って風俗情報誌や配ったチラシを見てオーダーしてきた客のところに女の子を連れていくんだ。個人の部屋だったりラブホテルだったり、いろいろですよ。時々ですが、有名なシティホテルへ送っていくこともあるんだよ。女の子がお仕事している間は車のなかで寝ていたり喫茶店でのんびりしています。女の子が戻ってくると事務所に連絡を入れ、次に連れていくところを聞いてそこへ移動する。その繰り返しだけです。

デリヘル嬢をやるぐらいだから、女の子たちもいろいろ理由《わけ》ありみたいですね。亭主が借金こさえたままドロンしちゃったとか、レディースローンで首が回らなくなったとかさ。普段はちゃんとした会社でOLをしているけど、週末だけアルバイトでやっている女の子もいました。

客のなかには嫌なヤツもいるし、変な趣味のヤツもいるらしいから女の子たちは大変みたいだけど、俺は車の運転だけで時給1500円もらえるんだから楽なものさ。

食事代として1日2000円プラスしてくれるので、日当は1万8000円。金は欲しいからほとんど毎日働いて、休むのは月3日ぐらいだから1ヵ月の収入は50万円近くありますね。住まいは店が板橋のアパートを契約していて、そこを使わせてもらっているんだ。

田舎の両親にはファッション関係の仕事をしていると言ってあります。

前の会社で働いていたときは残業があっても手取りの給料は23万円ぐらいしかありませんでした。不景気になって残業がなくなると20万円なかったものね。食う物ったら、牛丼や持ち帰り弁当。たまに工場の連中と飲みに行っても、小汚い焼鳥屋とか安いチェーンの居酒屋ばかり。正月やゴールデンウィークでも旅行に行ったことなんてなかったよ。本当に貧乏だった。倹約して暮らしていても貯金なんてできなかったしさ。早いとこ、こういう仕事をやっていたらもうちょっといい生活ができて、100万円以上貯められたと思うけどね。月に1度は帰省しているんだけど、お土産を持っていくとみんな喜んでさ。母ちゃんには少しだけど小遣いも渡しているんだ。貧乏工員のときはそういうこととしてやれなかったものなあ。

ここ1年は就職活動はしていません。

新聞の求人広告を見てもやりたいような仕事はたいがい大卒って条件だ。職安に行ってもいい仕事はないからね。もうアホらしい。あと1年今の仕事をして金を貯めたら茨城に帰って、何か飲食業でも始めようかと思っているんです。

とにかく金だよ。

「フリーターはけしからん」というが若年層の失業率は高率（15～24歳は9・5％、25～34歳は5・7％――2004年総務省統計局調べ）。新卒採用の抑制や非正規雇用の増加など、大きなしわ寄せを受けたのが若年層なのだ。フリーターは約210万人と推測されるが、働く意思があっても就職できない者も多い。就職できた者とできなかった者では、同世代間でも社会的な格差が拡大しているのだ。

おわりに

どうして彼らは路上生活に転落してしまったのだろうか……。おぼろげだが、その原因の一端が見えてきたような気がする。今回、取材した人たちは学歴、前職など様々であるが、一様に抱えている過去はリストラ、失業、倒産に起因する経済的破綻と家庭崩壊、人間関係の寸断である。

我々はホームレスたちを見て、「よほどのことがあったんだろう」と同情しつつも「自分はこんなことになるはずがない」と思っている。だが、それは本当だろうか?

自分が職を失ったと仮定してみたらいい。倒産でもしようものなら、賃金はおろか退職金など支払ってもらえない。通常解雇の場合でも、規定の退職金に雀の涙ほどの手当があればましな方だ。雇用保険が受けられるとしても、いつまでも受給できるわけではない。ローンや家賃の支払い、前年度分の税金、社会保険料の支払いが重く、預貯金を取り崩すようになる。再就職先を探しても年齢が高くなるほど困難になる。アルバイト的仕事をやったとしても収入なんてたかが知れている。いつしか蓄えも底をつき、日々の生活費にも事欠くようになるのは時間の問題だ。急場をしのぐため借金でもしようものなら、もう身の破滅、奈落の底へ真っさかさまだ。ホームレスになるのは、いとも簡単なことなのである。

そして恐ろしいことに、いったん路上生活に転落すると、一般社会への復帰が極めて困難になる。生活保護を求めて福祉事務所を訪ねたとしても、病気やケガで働けないわけではないから「仕事を見つけてください」と言われて門前払いだろう。

一大決心をしてもう一度やり直そうとしても、住民票を持たない住所不定者を雇う会社などない。親戚や友人、知人を頼ったとしてもこのご時世、誰もが自分たちのことで精いっぱい、まして借金絡みで行方をくらませた者などに手助けをするほど甘くはない。これが現実だ。

ホームレスの身でできることといったら危険な日雇い仕事、さもなくば廃品回収ぐらいなもの。これでは生活を立て直すのは不可能である。そうしているうちに身体を壊し、ときには精神状態も不安定になっていく。

ホームレスの人たちを見て「自由で気ままな生活はうらやましいよ」とか「義務も責任もないのだから気楽でいいじゃないか」などと言う人がいるが、それは自らが切迫した状況に置かれたことのない者の発言で、ホームレスは常に生命の危険と隣り合わせでぎりぎり生きているのだ。

今回、多数のホームレスに話を聞いたが、彼らの来歴は決して特別ではなかった。今現在の彼らは汚れて悪臭を放ち、みすぼらしく生気のない顔をしているが、現在ではなく過去を見れば、私たちと彼らはまったく同じところにいたのが分かる。

世間一般の人々はホームレスに対して「あの人たちはまともな社会生活のできない欠陥人間なんだ」と異端視し、「ホームレスのような人間と自分は違う」と思いがちだがそうではないのだ。

増田明利

※登場人物のプライバシーを考慮し、本文中は仮名を使用している。

増田明利 *Akitoshi Masuda*

昭和36年生まれ。昭和55年都立中野工業高校卒。
ルポライターとして取材活動を続けながら、
現在は不動産管理会社に勤務。
平成15年よりホームレス支援者、ＮＰＯ関係者との交流を持ち、
長引く不況の現実や深刻な社会格差の現状を知り、
声なき彼らの代弁者たらんと今回の取材を行う。

今日、ホームレスになった
13のサラリーマン転落人生

二〇〇六年七月二十日　初版第一刷発行
二〇〇六年九月十五日　初版第八刷発行

著　者……増田明利
発行人……松崎義行
発行所……新風舎
〒一〇七・〇〇六二
東京都港区南青山二・二十二・十七
電話　〇三・三五六八・三三三三（代表）
〇三・三五六八・四九四六（営業）
URL http://www.pub.co.jp
振替　〇〇一〇〇・四・五七七九三八

編集／三浦千裕
デザイン／伊藤由
カバー・扉写真／田中まこと
本文写真／増田明利
カバー写真協力／かめ吉
印刷・製本／凸版印刷株式会社

ISBN4-289-00514-4 C0095